Publicidade e propaganda

da agência à campanha

O selo DIALÓGICA da Editora InterSaberes faz referência às publicações que privilegiam uma linguagem na qual o autor dialoga com o leitor por meio de recursos textuais e visuais, o que torna o conteúdo muito mais dinâmico. São livros que criam um ambiente de interação com o leitor – seu universo cultural, social e de elaboração de conhecimentos –, possibilitando um real processo de interlocução para que a comunicação se efetive.

Publicidade e propaganda
da agência à campanha

Nivea Canalli Bona

Rua Clara Vendramin, 58 . Mossunguê
CEP 81200-170 . Curitiba . PR . Brasil
Fone: (41) 2106-4170
www.intersaberes.com
editora@editoraintersaberes.com.br

Conselho editorial	Dr. Ivo José Both (presidente)
	Dr.ª Elena Godoy
	Dr. Nelson Luís Dias
	Dr. Neri dos Santos
	Dr. Ulf Gregor Baranow
Editora-chefe	Lindsay Azambuja
Supervisora editorial	Ariadne Nunes Wenger
Analista editorial	Ariel Martins
Preparação de originais	Amanda Santos Borges
Capa	Bruno Palma e Silva, Stefany Conduta Wrublevski
Projeto gráfico	Bruno Palma e Silva, Jhonny Isac
Diagramação	Jhonny Isac
Iconografia	Danielle Scholtz
Ilustrações	André Muller

Dados Internacionais de Catalogação na Publicação (CIP)
(Câmara Brasileira do Livro, SP, Brasil)

Bona, Nívea Canalli
   Publicidade e propaganda: da agência à campanha/
Nívea Canalli Bona. Curitiba: InterSaberes, 2012.

   Bibliografia.
   ISBN 978-85-8212-023-1

   1. Comunicação empresarial. 2. Marketing. 3.
Propaganda. 4. Publicidade I. Título.

12-07566   CDD-658.8

Índices para catálogo sistemático:
1. Publicidade e propaganda: Marketing da comunicação:
   Administração de empresas 658.8

1ª edição, 2012.
Foi feito o depósito legal.

Informamos que é de inteira responsabilidade da autora a emissão de conceitos.

Nenhuma parte desta publicação poderá ser reproduzida por qualquer meio ou forma sem a prévia autorização da Editora InterSaberes.

A violação dos direitos autorais é crime estabelecido na Lei n. 9.610/1998 e punido pelo art. 184 do Código Penal.

Sumário

Agradecimentos, 7
Apresentação, 8
Como aproveitar ao máximo este livro, 10

Parte I
Agência de publicidade, 13

- Capítulo 1 Criação de uma agência, 15
- Capítulo 2 Funções e divisão de trabalho dentro de uma agência de publicidade, 41
- Capítulo 3 Fabricação da campanha publicitária, 69
- Capítulo 4 A agência pequena, 95
- Capítulo 5 Posicionamento no mercado, 117

Parte II
A campanha publicitária, 131

- Capítulo 6 Coleta de informações para a campanha: a pesquisa, 133
- Capítulo 7 O *briefing*, 169
- Capítulo 8 Ferramentas de mídia, 197
- Capítulo 9 A criação, 227
- Capítulo 10 A defesa da campanha, 255

Para concluir..., 275
Referências, 277
Respostas, 283
Sobre a autora, 293

Dedico esta publicação a todos aqueles que, de alguma maneira, estão reinventando a comunicação e trabalhando para estimular o encontro entre as pessoas.

Agradecimentos

Ninguém caminha sozinho e tampouco chega a algum lugar sozinho. Há dezenas de pessoas que contribuíram para que esse conjunto de experiências fosse vivido e se transformasse em aprendizado. Aos clientes, às sócias, aos parceiros de discussões e de trabalho, aos alunos e aos amigos que dividem as angústias da área da comunicação, dedico meu profundo agradecimento. Também agradeço às pessoas que ajudaram na construção deste conteúdo, em especial ao meu parceiro de desafios, o publicitário Gustavo Lopes, ao meu eterno amigo e consultor para assuntos diversos, Jorge Daniel, a minha amiga jornalista, sócia e parceira de caminhada nesta vida, Talita Mulbauer, e a minha *designer* "exemplar", Débora Behar.

E aos que torcem sempre, de maneira incondicional, para que tudo dê certo: Ana Suzina, Kátia Pichelli e aos meus familiares Diogo Pereira, Rogério, Neuza, Ronei e Camila.

Apresentação

Este livro vem satisfazer a necessidade de uma produção que traga alguns fundamentos da área da publicidade, procurando perpassar os desafios atuais de quem pretende montar uma agência de publicidade e entender como se desenvolve a criação de uma campanha publicitária.

A primeira parte desta obra discorre sobre os desafios de se montar uma agência, o que inclui as funções exigidas para a sua manutenção, os fluxos de trabalho internos, as especificidades existentes nas pequenas agências e a postura que estas devem assumir no mercado. Pretendemos, nesse primeiro momento, construir com dicas práticas um cenário atualizado, sinalizando para erros comuns e discutindo procedimentos já estabelecidos.

A segunda parte, que se inicia com o sexto capítulo e se estende até o último, concentra-se em explicitar os processos para se confeccionar uma campanha publicitária ou de comunicação, seguindo as etapas de coleta de dados adicionais, produção do *briefing* e, em seguida, descrevendo as ferramentas de mídia. Os dois últimos capítulos abordam os processos criativos e a apresentação da campanha ao cliente.

Ao final de cada capítulo, encontram-se duas questões abertas e cinco de múltipla escolha para auxiliar na reflexão a respeito do conteúdo visto, uma sugestão de estudo de caso prático para ser realizado, com o intuito de se verificar no cotidiano os conceitos apreendidos, além de indicações de *sites*, artigos, vídeos, entre outros, para aprofundar os temas abordados.

Com isso, esperamos que os principais temas que englobam a agência e a campanha publicitária estejam aqui abordados e que sejam úteis tanto para o aprofundamento do estudo e das reflexões de quem já trabalha na área quanto para quem pretende iniciar agora seus estudos.

Como aproveitar ao

Este livro traz alguns recursos que visam enriquecer o seu aprendizado, facilitar a compreensão dos conteúdos e tornar a leitura mais dinâmica. São ferramentas projetadas de acordo com a natureza dos temas que vamos examinar. Veja a seguir como esses recursos se encontram distribuídos no decorrer desta obra.

■ Conteúdos do capítulo

Logo na abertura do capítulo, você fica conhecendo os conteúdos que nele serão abordados.

■ Após o estudo deste capítulo, você será capaz de:

Você também é informado a respeito das competências que irá desenvolver e dos conhecimentos que irá adquirir com o estudo do capítulo.

máximo este livro

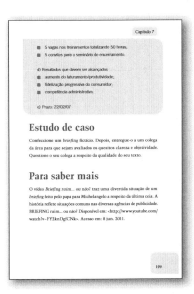

- Estudos de caso

  Esta seção traz ao seu conhecimento situações que vão aproximar os conteúdos estudados de sua prática profissional.

- Para saber mais

  Você pode consultar as obras indicadas nesta seção para aprofundar sua aprendizagem.

- Síntese

  Você dispõe, ao final do capítulo, de uma síntese que traz os principais conceitos nele abordados.

- Questões para revisão

  Com estas atividades, você tem a possibilidade de rever os principais conceitos analisados. Ao final do livro, a autora disponibiliza as respostas às questões, a fim de que você possa verificar como está sua aprendizagem.

parte I
Agência de publicidade

capítulo 1
Criação de uma agência

Conteúdos do capítulo:

- O que se deve fazer ao se criar uma agência de publicidade;
- Tipos de agência e suas principais características;
- Passo a passo e cuidados ao se montar uma agência de publicidade.

Após o estudo deste capítulo, você será capaz de:

- distinguir os tipos de agência;
- pensar nas principais possibilidades que influenciam a criação de uma agência;
- avaliar fornecedores;
- elaborar um orçamento;
- pesquisar e conhecer as principais leis que regem a área.

Capítulo 1

O Brasil é um dos países onde mais se abrem empresas e negócios. Infelizmente, a causa dessa tendência não se revela na constatação de que temos um país de empreendedores, mas, sim, na de que há, realmente, uma escassez de postos de trabalho. Faltando emprego, a alternativa é montar o próprio negócio, a fim de garantir a sobrevivência. Essa ação, realizada sem o devido preparo e estudo prévio, tem levado 90% das empresas a fecharem antes de completarem cinco anos de vida.

Não queremos dizer que abrir um negócio nos dias de hoje é o mesmo que estar fadado ao fracasso. Contudo, montar um empreendimento sem planejar com cuidado cada passo pode acarretar em perda de tempo, energia e dinheiro. Por isso, este capítulo falará sobre a estrutura necessária para se montar uma agência de publicidade de pequeno a médio porte. Consideramos, em princípio, que a maior parte dos negócios começa com um tamanho razoavelmente pequeno, para depois crescer aos poucos. Aliás, pensar assim, em crescer de forma gradativa e planejada, é uma boa maneira de evitarmos grandes problemas e aumentarmos nossas chances de sucesso.

Há diversos tipos de empresas de comunicação. Algumas conseguem dar cabo de todas as estratégias de comunicação à disposição, outras se especializam em determinadas fases do processo produtivo. A primeira dica útil a ser dada é a seguinte: **pesquise**. Não se trata de uma pesquisa formal, com questionário e amostra, mas de uma pesquisa secundária*, que pode ser encaminhada por meio da leitura de documentos relacionados às agências, bem como de uma visita a elas, ou um bate-papo informal com os publicitários que já atuam no mercado. É claro que você não vai chegar e dizer que deseja abrir uma agência concorrente. Mas, enquanto se é estudante, é uma boa ideia fazer visitas a fim de entender como funciona o trabalho em uma agência. Há livros, como o *Propaganda: teoria, técnica e prática*, de autoria de Armando Sant'Anna, que trazem em detalhes os procedimentos, a hierarquia e os fluxos de uma grande agência de publicidade. Outras duas publicações focadas em planejamento de campanha que podem ser bem úteis são o *Curso de propaganda: do anúncio à comunicação integrada (2008)*, escrito sob a coordenação de José Prederbon, e *Como planejar e executar uma campanha de propaganda (2008)*, de Marcelo Abilio Público. Em diversos *sites* na internet, você também pode acompanhar discussões interessantes a respeito de como se configura o mercado para a publicidade e para as empresas de comunicação no Brasil. Tomamos aqui

---

* Saiba mais a respeito da pesquisa secundária no sexto capítulo.

a liberdade de afirmar que demandas para estratégias de comunicação bem pensadas sempre vão existir. Afinal, o mundo caminha sobre a era da informação, e não dispor de um planejamento para se promover a marca, os produtos ou os serviços de uma empresa é o mesmo que pedir para sumir do mercado. Contudo, é importante ressaltarmos que essa verdade está longe de ser assimilada pela maioria dos empresários, que, muitas vezes, veem na comunicação somente uma despesa a mais para colocar nas planilhas de custos. Isso se deve também ao comportamento de muitos profissionais que acabam por macular a área, utilizando-se de negociatas e procedimentos duvidosos para ganhar em cima do cliente. Bem, esse tipo de profissional está matando a vaca que lhe dá leite e espalhando uma imagem da comunicação que não é verdadeira. Cabe a todos que forem atuar nessa área mostrar o profissionalismo e os resultados que um bom trabalho de comunicação pode trazer para o cliente.

1.1 Tipos de agência

A partir de agora, você verá que há vários tipos de empresas publicitárias, que podem variar de tamanho e objetivo de trabalho. Os modelos que seguem podem ajudá-lo a entender o que existe no mercado e o que pode ser mais adequado na hora de você pensar o seu próprio negócio.

Plena

Uma agência do tipo plena possui profissionais preparados para trabalhar em praticamente todas as frentes na área de divulgação e comunicação. Isso se dá desde a comunicação integrada, que envolve desde a própria publicidade e propaganda até a comunicação interna, que reúne as estratégias utilizadas com colaboradores, perpassando todo o processo de planejamento da campanha publicitária. Esse tipo de agência ainda presta serviços a clientes anunciantes e estuda, concebe, executa, produz e distribui publicidade/propaganda aos veículos e aos meios de divulgação.

Isso significa que ela possui, em seu quadro de colaboradores, profissionais habilitados a atender ao cliente, a realizar o planejamento de mídia, a criar campanhas e a encaminhar a produção gráfica, a de RTV[*], *layouts*[**], *spots*[***] ou comerciais, além de agregar serviços de assessoria de imprensa e organização de eventos. Nessa equipe multidisciplinar, podemos encontrar *designers*, publicitários, relações públicas, jornalistas, *webdesigners*, programadores visuais, entre outros.

Uma agência plena, enfim, está capacitada para trabalhar de maneira holística[****] com as empresas clientes. Ela poderá atender à comunicação com os públicos específicos que mantêm relacionamento direto com o produto dessas empresas e ainda zelar pela imagem institucional da organização.

---

[*] RTV: setor de produção de materiais de rádio e televisão.
[**] *Layout*: disposição visual de materiais publicitários impressos.
[***] *Spot*: nome que se dá ao comercial de 30 segundos veiculado no rádio.
[****] *Holístico* é o conceito de visão que abrange ao mesmo tempo o todo e as partes (Luft, 2002).

Bureau de mídia

O *bureau** de mídia é uma agência que fica preocupada com uma fatia do processo de comunicação: a **compra da mídia**. Aqui vale abrirmos um parêntese: o *bureau* de mídia nasceu da necessidade de se desvincular a criação da compra do anúncio. Isso aconteceu porque anunciantes – por culpa de alguns publicitários inescrupulosos – começaram a desconfiar do planejamento de mídia proposto pelas agências. O cálculo era simples: a remuneração da agência, prevista em lei, era realizada pela bonificação das veiculações propostas. Isso quer dizer que o cliente trazia o problema de comunicação (aumento de venda, fidelização de clientes etc.) e a agência de publicidade sempre se responsabilizava por escolher as mídias a serem utilizadas na campanha e criar os argumentos, pensando em atingir os resultados necessários. Muitos clientes começaram a fazer as contas: "Já que a remuneração da agência se dá a partir das mídias escolhidas para minha campanha, quem me garante que ela não está propondo as mídias mais caras para ganhar mais?". Assim, surgiram, principalmente fora do Brasil, os *bureaus* de mídia, responsáveis somente pela compra da mídia. Uma agência faria a criação e cobraria por esse trabalho específico, e o *bureau* de mídia faria a compra dos espaços necessários para a veiculação. Com isso o anunciante queria desvincular o planejamento de criação da escolha das mídias, evitando ter de pagar a bonificação sobre a venda (o famoso BV) de 20% sobre as veiculações.

---

* Bureau é a empresa que presta serviços de editoração eletrônica. Na área da publicidade, a palavra assume ainda o significado de micro ou pequena empresa voltada a produções de comunicação, sejam elas eletrônicas, gráficas ou mesmo negociações de mídia (Luft, 2002).

Assim, existem hoje, em número pequeno ainda no Brasil, os *bureaus* de mídia, que são responsáveis por negociar os valores de compra de espaço em jornais, rádios, redes de TV e *outsides** mídias; realizar o estudo das grades de programação; pesquisar no mercado para mensurar os resultados de uma veiculação e gerenciar todo o processo de relacionamento do anunciante com os veículos de mídia.

Bureau de criação ou estúdio

Na outra ponta produtiva dos *bureaus* de mídia, estão os de criação, ou os estúdios de criação, os quais se preocupam em realizar o planejamento de comunicação a partir da criação da campanha. São responsáveis por todo o processo criativo: argumentação, mote, imagens, escolha de personagens, criação e acompanhamento de produção de *layouts*, filmes publicitários e peças promocionais. Mas sua incumbência acaba aí. A negociação, o relacionamento com os veículos de comunicação e a compra de espaços são realizados por outra organização, que pode ser um *bureau* de mídia ou o próprio cliente.

---

* *Outsides* são mídias externas, como *outdoor*, *backlight* ou *frontlight*, as quais serão analisadas no decorrer deste livro.

Capítulo 1

Um pouco a mais

O então presidente da Associação Brasileira das Agências de Publicidade (Abap), Dalton Pastore (2005), comenta essa relação entre *bureaus* de mídia e de criação e o anunciante brasileiro numa entrevista fornecida para a revista *About*.

Confira:

About – Você acredita que o Brasil conseguirá sustentar por muito tempo seu modelo de compra de mídia atrelada à agência tradicional, mantendo-se de portas fechadas para as agências de mídia, que avançam em muitos outros mercados?

Pastore – (...) Olha só que coisa interessante, o anunciante começou a pensar: "Se eu tenho uma agência que cria, planeja e compra a mídia, ela poderá estar ganhando alguma comissão". Então resolveu dividir a responsabilidade com uma agência que planeja e compra a mídia e outra que só cria. Com esse movimento, o anunciante perdeu a possibilidade de uma boa ideia de criação interferir na compra da mídia ou de uma boa negociação de mídia interferir na ideia. Ele abriu mão disso, objetivando a conquista de melhores preços.

Depois disso, o anunciante passou a pensar o seguinte: "Se este meu *bureau* de mídia planeja e compra, poderá estar ganhando alguma coisa com isso". Foi assim que surgiu na Inglaterra e na França o *bureau* de planejamento, que não compra, só planeja. O anunciante passou a ter três interlocutores: a agência de criação, responsável pela estratégia, pelo planejamento e pela criação; a agência de planejamento de mídia e a agência de compra de mídia.

> Mas eis que agora alguns anunciantes já estão pensando o seguinte: "Espera aí, a agência que planeja passa seus planos para a que compra, e, para isso, precisa perguntar qual foi o preço da mídia, porque o custo pode mudar o planejamento. Então estas duas agências estão se falando e podem estar combinando uma comissão". Por esse motivo, alguns anunciantes da Inglaterra e da França descobriram o seguinte: "Por que nós não voltamos à agência *full service*?". Ou seja: o Brasil está tão atrasado que daqui a pouco poderá estar na dianteira...

Dessa maneira, torna-se importante partir de um bom estudo de mercado – e das possibilidades que se tem à mão – a decisão de montar um *bureau*, seja ele de criação, seja de mídia, seja uma agência plena. Há profissionais que não querem se envolver em compra de mídia e preferem se dedicar exclusivamente à criação das estratégias. Existem também aqueles que veem nas negociações com os veículos uma boa maneira de ajudar seus clientes anunciantes a terem sucesso. Ambos podem ter mercado se trabalharem de maneira profissional e integrada às necessidades dos clientes, mantendo um relacionamento sadio com as empresas parceiras na consecução da campanha.

House

Grandes organizações que possuem altas demandas de produção de material e muito pouco tempo para processo de aprovação e correção normalmente optam por manter uma *house-agency*, isto é, uma agência de publicidade em casa.

Capítulo 1

Funcionando como a célula de comunicação da empresa, essa *house* conta com praticamente os mesmos departamentos existentes em uma agência de publicidade, a fim de atender aos demais departamentos da organização, promover a criação das estratégias de comunicação, criar as campanhas e negociar com a mídia os espaços a serem utilizados.

Há organizações que decidem por manter *houses* a fim de não contrair custos com agências externas. Em um cálculo rápido, uma *house* pode economizar ainda boas porcentagens da Bonificação por Volume (BV), comum em pagamentos de mídia a agências de publicidade externas. Mas sejamos ponderados! Aos anunciantes que montam sua *house* pensando somente em diminuir custos, Martins (1999, p. 60) desbanca-os com o argumento da **autocensura**. O autor se pergunta a respeito do motivo que leva grandes grupos e a maioria dos anunciantes de relevante porte a fazerem uso da agência externa. Para ele, esses clientes sabem que a liberdade de criação e trabalho é o que garante, muitas vezes, o sucesso da comunicação. Isso porque as *houses* tendem a ser subservientes às questões internas da empresa, e a falta de liberdade acaba por influenciar a qualidade da campanha e os resultados finais esperados por ela. Resumindo: os lucros vindos de uma campanha realizada com liberdade de atuação por uma agência externa podem valer mais a pena que manter um departamento interno de comunicação. Mas essa decisão deve sempre perpassar outras questões, como o volume de demanda e o tempo de que se necessita para a criação das estratégias de comunicação.

Editora

Há quem atue em um nicho de mercado específico, em que a legislação é mais branda do ponto de vista tributário. As empresas que trabalham com materiais específicos de divulgação, como fôlderes, panfletos, folhetos, jornais e livros, e que não preveem a veiculação de peças na mídia, podem ser enquadradas na classificação de editoras. Para esse modelo, o Brasil possui uma legislação específica, na qual estipula uma alíquota menor de impostos a pagar. Para alguns profissionais que desejam trabalhar especificamente nessa área, é significativamente mais vantajoso estabelecer-se como editora. Essa classificação faculta a produção de diversos materiais àqueles clientes que necessitam de mídias, como *presentations*, relatórios de divulgação e cadernos de esclarecimentos, em detrimento das veiculações mais comerciais.

1.2 Passos para a criação de uma agência

Se você deseja criar a sua própria agência de publicidade – consideradas as categorias de agências anteriormente apontadas – comece conversando com quem já está no mercado. Há dicas do dia a dia que livro algum pode suplantar. Mas, de início, dois grandes tópicos merecem sua atenção: a **estrutura necessária** e o que você terá de contar como **mão de obra**.

Capítulo 1

Questões legais

O primeiro passo é pensar nas questões legais referentes ao alvará de funcionamento, à sede/ao local de trabalho, à nota fiscal e ao Cadastro Nacional da Pessoa Jurídica (CNPJ). Consiga o apoio de uma boa assessoria contábil e jurídica para, desde o começo, fazer todos os processos de maneira correta. Isso vai garantir bons negócios no futuro.

Estrutura

Nesse momento, você também terá de, paralelamente, pensar em como vai montar a estrutura da sua agência. Bons computadores, com programas atualizados e legalizados (há ainda pessoas que acham que *softwares* de demonstração* podem resolver seus problemas...), móveis ergonômicos** (acredite, você vai passar um bom tempo da sua vida neles) e uma boa mesa de reunião, para começo de conversa.

Prospecção

O terceiro passo, que deve ser encaminhado de maneira quase simultânea com a documentação legal, é a criação e a produção do material de divulgação da agência ou, no mínimo, do cartão de visitas, pois a prospecção de clientes deve ser um ato contínuo.

---

* As versões demonstrativas de *softwares* têm a finalidade de permitir que estes sejam avaliados. Conhecidos como *sharewares, demos, evaluation versions* etc., esses programas têm uma característica peculiar: apresentar alguma restrição relacionada ao uso. Muitos usuários preferem utilizar esses sistemas mesmo com limitações a obter uma licença para usá-los de modo completo.

** Móveis ergonômicos são aqueles que se adéquam à estrutura corporal.

Estrutura pessoal

De acordo com o tamanho dos projetos iniciais que você irá abarcar, é possível que necessite de suporte de mão de obra. Normalmente, as agências se iniciam com dois sócios, um com perfil mais comercial, isto é, que faz o atendimento aos clientes, e outro com perfil mais interno, de planejamento e criação. É importante sabermos que uma boa agência precisa de pessoas competentes nas áreas-chave: atendimento, criação, planejamento, mídia e administrativo, sejam elas sócias ou não[*]. É possível também que você prefira começar com um micronegócio, dependendo do investimento inicial que está disposto a fazer. Então, **não se preocupe se precisar acumular duas funções**. Isso é normal no início. O importante é que você tenha um nível adequado de organização entre as atividades para não ficar perdido.

1.3 Assessoria externa

Bons fornecedores precisam estar à disposição para situações em que alguma campanha não dê tempo para fazer grandes escolhas. Por isso, ocupe-se de visitar gráficas, gráficas rápidas, produtoras de áudio e vídeo, além de empresas fornecedoras de *outside* mídia já no começo dos trabalhos da sua agência, para ter um bom cadastro e opções variadas de parceiros.

---

[*] No segundo capítulo, será aprofundado o estudo das principais atividades de cada função para poder escolher bem o profissional de cada área.

Além disso, é sempre bom manter contato com um escritório jurídico, principalmente em circunstâncias que envolvam questões de direitos autorais, propriedade intelectual e uso de imagens – situações a que as agências de publicidade estão expostas.

O escritório de contabilidade é outra escolha que deve ser feita de maneira criteriosa. Pegue referências e entenda detalhadamente todos os procedimentos tributários e legais pelos quais sua agência precisa passar, pois isso dará segurança para os fechamentos financeiros. Acompanhe periodicamente os procedimentos e os pagamentos, conferindo os recibos. Já ouviu falar no ditado "gado engorda sempre com o olho do dono"? É muito comum também ocorrerem perdas gigantes, do ponto de vista tributário, pela falta de devido acompanhamento contábil. Se o negócio é seu, acompanhe de perto.

1.4 Planilhas de custos *versus* orçamentos

Um dos maiores desafios para o novo publicitário é saber como entrar no mercado, e mais, como cobrar pelos seus trabalhos. O jogo de cintura que um profissional mais experiente pode ter nesse momento é uma ação que pode faltar para quem está estreando. Por isso, algumas dicas que podem dar uma noção de cálculo começam na planilha de despesas. Faça sempre as contas de todas as despesas fixas e coloque esse valor como piso para seu faturamento mensal. As **contas fixas** precisam ser pagas todos os meses, então, fique atento para seu faturamento. Além disso, a consequente busca de clientes deve ser sempre em prol, pelo menos, de cobrir o mínimo desses valores a serem pagos. Os **custos variáveis** – aqueles que aparecem a partir de produções extras para determinado cliente – devem sempre estar incluídos nos orçamentos de cada trabalho, previstos no BV ou na cobrança do *fee*[*].

Há, ainda, quem calcule o tempo que leva para desenvolver determinado trabalho e, após calcular o valor do custo/hora, totaliza o orçamento[**].

Outras agências seguem a tabela do sindicato do seu estado, pois os valores podem variar de acordo com a região do país, aplicando porcentagens desses valores, dependendo do porte do cliente ou mesmo dos anos de experiência da própria agência. **O importante é ter em mente o mínimo que se pode faturar e dividir esse valor para servir de piso a ser cobrado de cada cliente atendido.** Esse é o seu chão a cada negociação. Abaixo disso, saiba que você está pagando para trabalhar. Além disso, aposte no seu bom senso na hora de negociar. Há clientes que podem ser fidelizados e flexibilizar o orçamento, em algum momento, pode ser uma boa ideia. Só não se esqueça dos riscos desse procedimento – o cliente pode achar que esse sempre será o valor cobrado – e deixe claro que esse caso é uma exceção.

Há também pessoas que se acostumam com determinados valores. Por isso, quando for atender ao cliente pela primeira vez, saiba que o valor cotado será o ponto de partida para o julgamento de outros orçamentos futuros a serem feitos para ele.

---

[*] *Fee* refere-se à remuneração fixa mensal que o cliente paga à agência em alguns tipos de negociação.
[**] Veja mais sobre o assunto no quarto capítulo.

1.5 Legislação

As agências de publicidade devem seguir a legislação própria da área. Um comentário a ser feito a respeito dessa regulamentação é sobre a questão da remuneração. A Lei nº 4.680/1965[*] previa a obrigatoriedade do pagamento do BV pelo anunciante ou pelos veículos de comunicação à agência de publicidade que intermediava os anúncios. A partir do Decreto nº 4.563/2002[**] essa obrigatoriedade se torna mais relativa[***], porque o documento se refere às normativas do Conselho Executivo das Normas-Padrão (Cenp)[****] que, nos arts 3.4 a 3.11, estabelece essa remuneração de maneira diferenciada para determinadas situações de mercado. Em algumas situações, essa discussão, que não terminou e não vai terminar tão cedo, deixou anunciantes liberados para fazer sua divulgação diretamente com os veículos de mídia, facultando aos meios de comunicação de massa a possibilidade de vender espaços diretamente ao anunciante. Na visão de alguns profissionais, essa liberação acabou por prejudicar os lucros das agências de propaganda, os quais eram garantidos a partir da veiculação dos anúncios. Por outro lado, o documento flexibilizou os orçamentos, facultando às agências a cobrança do BV ou a apresentação em separado dos seus orçamentos, dos trabalhos de planejamento e criação ao anunciante.

---

[*] Para obter mais informações, consultar o *site*: <http://www.planalto.gov.br/ccivil_03/Leis/L4680.htm>.
[**] Para obter mais informações, consultar o *site*: <http://www.planalto.gov.br/ccivil_03/decreto/2002/d4563.htm>.
[***] Para obter mais informações, consultar o *site*:<http://www.arcos.org.br/livros/direito-da-publicidade/capitulo-ii-questoes-atuais/4-compatibilidade-com-o-direito-administrativo-/42-da-declaracao-da-ilegalidade-do-decreto-no-4563-02/>.
[****] Para obter mais informações, consultar o *site*:<http://www.cenp.com.br/Site/PDF/Normas_padrao_port.pdf>.

Esse formato de cobrança trouxe mais transparência nas negociações de mídia. Era comum alguns publicitários, almejando somente o BV, contratarem mídias nem sempre adequadas a cada cliente. Com o tempo, as campanhas não traziam o resultado esperado, e toda a área ficava marcada pela falta de competência de alguns, levando várias empresas ao descrédito ou ao desafio de comunicação. A opção de se fazer negócios de maneira independente do BV ou com o uso do *bureau* de mídia de maneira separada resgatou um pouco da confiança das agências de publicidade.

Assim, sugerimos a pesquisa e a leitura, na íntegra, da Lei nº 4.680/1965, que rege a profissão de publicitário, bem como do Decreto nº 57.690/1966[*], que regulamenta a execução da referida Lei, e do Decreto nº 4.563/2002, que altera o regulamento relativizando o disposto sobre a remuneração obrigatória por BV e, principalmente, as normas do Cenp. O ideal é estar atualizado sobre como a situação de remuneração está sendo discutida nas associações da classe, nos sindicatos e em outros órgãos.

Leia os textos com atenção, pois eles oferecem orientações detalhadas de relacionamento com fornecedores e desenvolvimento dos processos pertinentes ao trabalho de publicidade. É importante também que você leia o disposto referente à ética, que deve estar presente nessas relações. Atente para que tipo de comportamento você deve manter com os seus diferentes públicos. Esse mesmo comportamento determinará a imagem

---

[*] Para obter mais informações, consultar o *site*: <http://www.planalto.gov.br/ccivil_03/decreto/D57690.htm>.

que você construirá nesses anos de caminhada. A seguir, você pode conferir o trecho que fala sobre ética:

Decreto nº 57.690, de 1º de fevereiro de 1966

Aprova o Regulamento para a execução da Lei nº 4.680, de 18 de junho de 1965.
[...]

Seção 3ª – Da Ética Profissional

Art. 17. A Agência de Propaganda, o Veículo de Divulgação e o Publicitário em geral, sem prejuízo de outros deveres e proibições previstos neste Regulamento, ficam sujeitos, no que couber, aos seguintes preceitos, genericamente ditados pelo Código de Ética dos Profissionais da Propaganda a que se refere o art. 17 da Lei nº 4.680, de 18 de junho de 1965:

I – Não é permitido:
a) publicar textos ou ilustrações que atentem contra a ordem pública, a moral e os bons costumes;
b) divulgar informações confidenciais relativas a negócios ou planos de Clientes-Anunciantes;
c) reproduzir temas publicitários, axiomas, marcas, músicas, ilustrações, enredos de rádio, televisão e cinema, salvo por consentimento prévio de seus proprietários ou autores;

d) difamar concorrentes e depreciar seus méritos técnicos;
e) atribuir defeitos ou falhas a mercadorias, produtos ou serviços concorrentes;
f) contratar propaganda em condições antieconômicas ou que importem em concorrência desleal;
g) utilizar pressão econômica, com o ânimo de influenciar os Veículos de Divulgação a alterarem tratamento, decisões e condições especiais para a propaganda;

II – É dever:

a) fazer divulgar somente acontecimentos verídicos e qualidades ou testemunhos comprovados;
b) atestar, apenas, procedências exatas e anunciar ou fazer anunciar preços e condições de pagamento verdadeiros;
c) elaborar a matéria de propaganda sem qualquer alteração, gráfica ou literária, dos pormenores do produto, serviço ou mercadorias;
d) negar comissões ou quaisquer compensações a pessoas relacionadas, direta ou indiretamente, com o Cliente;
e) comprovar as despesas efetuadas;
f) envidar esforços para conseguir, em benefício do Cliente, as melhores condições de eficiência e economia para sua propaganda;
g) representar, perante a autoridade competente, contra os atos infringentes das disposições deste Regulamento.

Decreto nº 4.563, de 31 de dezembro de 2002

Altera o Regulamento aprovado pelo Decreto nº 57.690, de 1º de fevereiro de 1966, para a execução da Lei nº 4.680, de 18 de junho de 1965.

Art. 1º O art. 7º do Regulamento aprovado pelo Decreto nº 57.690, de 1º de fevereiro de 1966, passa a vigorar com a seguinte redação:

> "Art. 7º Os serviços de propaganda serão prestados pela Agência mediante contratação, verbal ou escrita, de honorários e reembolso das despesas previamente autorizadas, tendo como referência o que estabelecem os itens 3.4 a 3.6, 3.10 e 3.11, e respectivos subitens, das Normas-Padrão da Atividade Publicitária, editadas pelo Cenp – Conselho Executivo das Normas-Padrão, com as alterações constantes das Atas das Reuniões do Conselho Executivo datadas de 13 de fevereiro, 29 de março e 31 de julho, todas do ano de 2001, e registradas no Cartório do 1º Ofício de Registro de Títulos e Documentos e Civil de Pessoa Jurídica da cidade de São Paulo, respectivamente sob nº 263447, 263446 e 282131". (NR)

Art. 2º Os órgãos e entidades da Administração Pública Federal, direta e indireta, que mantenham contrato com Agência de Propaganda, deverão renegociar, em benefício da Administração, as cláusulas de remuneração da contratada.

Art. 3º Este Decreto entra em vigor na data de sua publicação.

Art. 4º Fica revogado o Decreto nº 2.262, de 26 de junho de 1997.

Outras disposições legais que devem ser consultadas, pois influenciam de maneira determinante o desenvolvimento da profissão, são as relacionadas a decisões do Conselho de Autorregulamentação Publicitária (Conar) e as leis referentes às questões de direitos autorais e imagem. Estas estabelecem e regulamentam o uso de imagens e de possíveis criações de outrem, que podem ser referidas em trabalhos que você irá criar ou desenvolver. Como exemplo, podemos citar as propagandas que fazem referência à famosa obra do pintor Leonardo da Vinci – *Mona Lisa: a Gioconda*. Muitas propagandas utilizaram a pintura como base ou referência para seus argumentos. Entretanto, para que isso ocorresse, foram necessárias a busca e a pesquisa de como deveria ser feito o uso da imagem, mesmo como referência, se este estava liberado e de que maneira.

Assim, aconselha-se dar uma lida nas seguintes leis:

1 – Lei nº 4.680/1965[*] – ela servirá como base para responder às questões para revisão.

2 – Lei para promoções comerciais (Lei nº 5.768/1971[**] e Decreto nº 70.951/1972[***] (a lei dispõe a respeito da distribuição gratuita de prêmios, vale-brinde ou concurso, a título de propaganda).

---

[*] Para obter mais informações, consultar o *site*: <http://www.planalto.gov.br/ccivil_03/leis/l4680.htm>.
[**] Para obter mais informações, consultar o *site*: <http://www.planalto.gov.br/ccivil_03/leis/L5768.htm>.
[***] Para obter mais informações, consultar o *site*: <http://www.planalto.gov.br/ccivil_03/decreto/Antigos/D70951.htm>.

3 – Lei nº 9.610/1998* – altera, atualiza e consolida a legislação sobre direitos autorais e dá outra providências.

4 – Lei nº 8.078/1990** – dispõe sobre a proteção do consumidor)

5 – Lei nº 9.294/1996*** – restringe as propagandas de produtos fumígeros, bebidas alcoólicas, medicamentos, terapias e defensivos agrícolas).

Estudo de caso

Visite uma agência de publicidade em sua localidade e classifique-a, a partir das atividades que ela desenvolve, como plena, *bureau* de mídia ou de criação ou editora. Pergunte sobre os conselhos que seus dirigentes dariam a alguém que quer montar uma agência hoje.

Para saber mais

O *site* do Conar possui informações interessantes a respeito das principais decisões jurídicas quanto a propagandas e quais são as empresas mais afetadas. Além disso, é interessante que você acesse o *site* do sindicato responsável pelo seu estado, caso queira obter informações a respeito das empresas da sua área.

---

* Para obter mais informações, consultar o *site*: < http://www.planalto.gov.br/ccivil_03/leis/L9610.htm>.

** Para obter mais informações, consultar o *site*: < http://www.planalto.gov.br/ccivil_03/leis/l8078.htm>.

*** Para obter mais informações, consultar o *site*: <http://www.planalto.gov.br/ccivil_03/Leis/L9294.htm>.

CONAR – Conselho de Autorregulamentação Publicitária. Disponível em: <http://www.conar.org.br>. Acesso em: 13 jun. 2011.

Indicamos também para consulta o *site* Janela Publicitária, que contém uma listagem vasta das publicações sobre publicidade que existem no mercado.

JANELA PUBLICITÁRIA. Disponível em:<http://www.janela.com.br/referencias/biblio_pub.html>. Acesso em: 4 jul. 2011.

Síntese

Neste capítulo, conhecemos um pouco a respeito dos tipos de agências e *bureaus* que podem ser criados. Além disso, foram vistos alguns aspectos e a importância da leitura da legislação que rege a área, antes de se pensar em se montar uma agência. Vimos também o que deve ser levado em conta na hora de elaborar orçamentos, escolher fornecedores externos e o que deve ser feito, passo a passo, na hora de criar uma empresa de publicidade.

Questões para revisão

1) Releia a entrevista de Pastore (2005) e responda: Como são tratadas, atualmente, as questões relacionadas ao BV das agências tradicionais?

2) Quais são as principais dicas na hora de se construir/elaborar um orçamento de um serviço de comunicação?

3) Selecione a opção correta. O que é uma agência plena?
   a) Aquela que desenvolve todos os processos de comunicação dos quais o cliente necessita, menos veiculação na mídia.
   b) Aquela responsável por somente realizar a criação das campanhas.
   c) Aquela que tem como missão conseguir as melhores negociações com veículos de massa.
   d) Aquela que engloba todos os processos de comunicação de que o cliente necessita, desde a identificação do problema até a veiculação das campanhas.

4) Identifique a opção que aponta o motivo de uma empresa montar uma *house*:
   a) Estar mais perto de casa.
   b) Economia de tempo e de custos de campanha.
   c) Fugir da subserviência.
   d) Não precisar ficar repassando o *briefing*.

5) Qual foi a grande mudança que o Decreto nº 4.563/2002 estabeleceu no texto da Lei nº 4.680/1965?
   a) Deu exclusividade aos publicitários na criação de campanhas de propaganda.
   b) Revogou os dispostos sobre a remuneração dos veículos de massa.
   c) Renovou os artigos que estabelecem o mercado publicitário.

d) Revogou a obrigatoriedade de remuneração por comissionamento.

6) De acordo com o art. 17 da Lei n° 4.680/1965:
   a) é proibido divulgar textos que falem da moral e dos bons costumes.
   b) deve-se publicizar conhecimento e fatos verídicos.
   c) é importante comparar os produtos do concorrente e mostrar o quanto são de qualidade inferior.
   d) deve-se aceitar de bom grado presentes que possíveis veículos ofereçam em troca de veiculações.

7) O disposto no Decreto n° 57.690/1966 condena, a partir do princípio ético da profissão, as seguintes ações, **exceto**:
   a) produzir, utilizando as técnicas necessárias, material de divulgação de ideias que favoreçam a comercialização de produtos.
   b) difamar concorrentes e depreciar seus méritos técnicos.
   c) publicar textos ou ilustrações que atentem contra a ordem pública, a moral e os bons costumes.
   d) atribuir defeitos ou falhas a mercadorias, produtos ou serviços concorrentes.

capítulo 2
Funções e divisão de trabalho dentro de uma agência de publicidade

Conteúdos do capítulo:
- Descrição das principais funções e dos cargos que se encontram em uma agência de publicidade completa;
- Os principais desafios e problemas enfrentados por uma agência.

Após o estudo deste capítulo, você será capaz de:
- reconhecer o que cada função/cargo deve desempenhar dentro da agência;
- pensar nas principais possibilidades que influenciam a criação de uma agência;
- planejar, acompanhar e cobrar de funcionários ou sócios a partir do perfil da função;
- dividir responsabilidades e missões dentro de uma equipe de comunicação;
- pesquisar e conhecer as principais leis que regem a área.

Capítulo 2

Conhecer as principais funções que um publicitário exerce dentro de uma agência de publicidade e entender quais são os requisitos de perfil que mais se enquadram em cada uma delas é determinante para reunir uma boa equipe de profissionais. Essas funções podem ser exercidas ao mesmo tempo por um único profissional, principalmente no caso de agências pequenas, ou podem ser ausentes em situações que não demandem sua presença, como o tráfego em empresas com poucos funcionários. Assim, neste capítulo, não serão abordadas outras colocações que servem de apoio às funções a serem mencionadas, que trabalham, por exemplo, nos setores de produção, podendo ser ocupadas por outros profissionais de outras áreas específicas, como Rádio e TV, Administração, Letras etc. Além disso, é importante que você saiba que não há, ainda, uma formatação obrigatória para uma empresa publicitária que exija um mínimo de profissionais. A escolha de cada profissional para compor a organização depende do serviço específico que se pretende prestar, do tamanho da empresa e do seu plano estratégico de crescimento.

2.1 Atendimento

Se há alguma palavra-chave para descrevermos um profissional ideal de Atendimento, essa palavra é **empatia**, ou seja, a capacidade de se colocar no lugar do seu público. Sem doses maciças de empatia para ambos os lados – cliente e agência – o Atendimento não cumpre sua missão.

Missão

Antigamente, o responsável pelo Atendimento nada mais era que um tirador de pedidos. Sua incumbência era visitar o cliente e descobrir seu principal problema; depois, voltava ao cliente com a solução pensada pelos criativos. Assim, ele se fazia às vezes de "leva e traz". Os novos tempos trouxeram desafios maiores a todas as agências e apertaram o cerco para os que achavam que uma boa criação resolvia tudo.

Atualmente, com um mercado concorridíssimo e anunciantes cada vez mais exigentes por resultados de relevo, o Atendimento viu sua missão se transformar em uma das mais importantes ferramentas para a manutenção e a sobrevivência da agência. Afinal, é ele que vai buscar o negócio, a conta do cliente para a agência. O comportamento, antes passivo, transformou-se em atuação assertiva frente aos desafios colocados pelo cliente.

Enfim, em tempos atuais, o Atendimento é o responsável pelo contato com o cliente e por todo o ônus que essa relação acarreta. Ele é o verdadeiro representante da agência de publicidade no trato com o cliente e, por essa razão, muitas vezes é o próprio sócio da agência quem ocupa essa posição. Isso acontece por um motivo muito simples: o cliente mantém com o Atendimento uma relação pessoal, de confiança e cumplicidade mútua, e, mesmo que saiba que outros integrantes da agência conhecem ou trabalham em seus projetos, foi com o Atendimento que ele discutiu seus principais receios e direcionamentos sobre o seu negócio. Não se pode negar que a relação ainda é muito pessoal, a ponto de se acreditar que o cliente, muitas vezes, é do Atendimento e não da agência. São várias as situações nas quais Atendimentos mudaram de agência levando consigo diversas contas. É por esse motivo que a função de Atendimento deve ser tratada como nobre dentro da agência; afinal, ele é o contato com o mantenedor-mor de toda a estrutura: o **cliente**.

Outra missão do Atendimento é, em conjunto com o cliente, construir o *briefing*[*], documento que contém todas as informações necessárias para a consecução da campanha publicitária. Sua responsabilidade é conseguir refletir no *briefing* a exata impressão repassada pelo cliente com a clareza necessária para que a equipe da agência capte, de maneira fidedigna, as necessidades do cliente.

O papel dele deve ser, ainda, o de um estrategista proativo em comunicação, detendo um conhecimento profundo de todas as possíveis escolhas que podem ser utilizadas para a resolução dos problemas do cliente. De posse dessas informações, o Atendimento tem condições de sair do cliente com a estratégia previamente definida, evitando idas e vindas e perdas desnecessárias de tempo.

---

[*] No sétimo capítulo, você verá táticas e cuidados que devem ser tomados na construção do *briefing*.

Desafios principais

Um dos grandes desafios do Atendimento é refletir as necessidades do cliente, servindo de ponte para a agência. Sua posição ideal é a de um parceiro do cliente que refletirá e defenderá seu negócio com as melhores saídas, pensando, somente num segundo momento, nos interesses da agência. Dentro desta, o Atendimento é um feroz defensor do seu cliente, e fora, precisa pensar estrategicamente para propor ideias, sabendo dos limites da agência.

Principais problemas a enfrentar

Entre os principais problemas que o Atendimento enfrenta está o embate cotidiano que envolve o equilíbrio na relação com a área de Criação da agência e com as negociações com o cliente. Este pede, geralmente, projetos em prazos ínfimos de realização e, no afã de atendê-lo da melhor maneira possível, o Atendimento precisa convencer os criativos da agência e as

Capítulo 2

outras áreas de apoio a fazerem seu trabalho num tempo milagroso. Assim, outra característica importante que deve constar no perfil do Atendimento é o de ser um profundo e irrepreensível otimista. Vivendo sempre no limite entre a satisfação do cliente e as exigências motivacionais da equipe de Criação, o Atendimento precisa utilizar-se o tempo inteiro de uma profunda empatia pelos dois públicos, a fim de negociar, ajeitar e acertar aquilo que for melhor para cada um, procurando sempre atender ao cliente de maneira exemplar.

2.2 Planejamento

Ao pessoal do Planejamento, cabem a organização, a busca dos dados que faltam para planejar com segurança e a solução parcial dos problemas do cliente. É a partir da organização dos dados e das informações disponíveis que o pessoal do Planejamento tem condições de propor à equipe de Criação as estratégias e o caminho necessário a ser tomado para que se encontre a solução para o problema do cliente.

Missão

O profissional de Planejamento tem como missão a coleta de dados e o estudo do mercado para elaborar as melhores soluções de comunicação para cada cliente. Com base no *briefing*, na realização de pesquisas*, na coleta de materiais e em sugestões de caminhos, o responsável pelo Planejamento propõe a utilização de determinadas estratégias, as quais podem ser de organização interna do próprio cliente, de processos comunicativos ou, ainda, de alterações do produto/serviço apresentado. Ribeiro et al. (1989) contam que geralmente desenvolvem esse trabalho de busca por informação e pesquisa em três grandes etapas:

- num primeiro momento, internamente à empresa, a fim de compreender como ela funciona;
- num segundo momento, com o revendedor, visitando lojas e avaliando como o produto é vendido ou posicionado no ponto de venda;
- num terceiro momento, ele segue até o consumidor para, enfim, entender o que o faz consumir ou não determinado produto e quais os sentimentos que o movem a isso.

Com essa leitura ampla, o Planejamento tem condições de traçar as principais estratégias de solução. Ainda de acordo

---

* Consulte o sexto capítulo para saber mais sobre a realização de pesquisas.

com o autor, quando você estuda exaustivamente as informações das quais dispõe, a solução vem por si só, de maneira automática e natural.

Sampaio (1997, p. 220) propõe um modelo básico de plano de comunicação que pode ser utilizado pelo Planejamento na hora de sistematizar as informações coletadas. É construído a partir dos seguintes tópicos:

- **A situação**: exposição, de maneira sintética, dos motivos que levaram a empresa a procurar a agência, incluindo algumas informações a respeito do cenário mercadológico que envolve o produto/cliente.
- **Os objetivos**: aonde se quer chegar ou o que se pretende conquistar.
- **A estratégia**: a sugestão de caminhos a serem seguidos a curto, médio e longo prazos. É bom colocar os detalhes previstos no *briefing*.
- **As táticas**: as recomendações a serem passadas para a Criação e para o Mídia. O orçamento precisa ser previsto nesta etapa.
- **Criação, produção, ação**: a relação do que precisa ser desenvolvido.

Desafios principais

Entre os desafios enfrentados pelo pessoal do Planejamento estão os prazos pequenos para desenvolver buscas realmente eficientes de solução em comunicação e o acesso às fontes de informação. O exercício de se fazer as perguntas necessárias em cada busca e a manutenção da sensibilidade num grau acima do normal para perceber os principais caminhos que precisam ser traçados também são desafios cotidianos.

> **Principais problemas a enfrentar**

O Planejamento se depara com a missão de organizar e propor os caminhos a serem seguidos para se conquistar a solução dos problemas do cliente. Muitas vezes, ele precisa convencer não só a sua equipe, mas também o cético cliente, de que a saída pode parecer meio maluca ou não tão adequada, mas que a partir de todos os estudos é a que melhor se apresenta para conquistar os resultados almejados.

2.3 Setor de Criação

Muitas vezes, o Departamento de Criação é considerado a estrela de uma agência por possuir a aura da genialidade em torno do seu trabalho. Acredita-se, ainda hoje, motivado muitas vezes pelas dezenas de concursos de peças publicitárias, que a Criação é a responsável pelas brilhantes soluções de comunicação apresentadas ao cliente e que trazem resultados interessantes.

A verdade é que a Criação é, muitas vezes, a vitrine do trabalho de uma extensa equipe, mas que acaba sozinha levando os louros ou as vaias pelo trabalho de uma coletividade.

O seu trabalho específico necessita de virtudes especiais, muitas delas subestimadas ou renegadas a um segundo plano pela maioria dos outros profissionais. A Criação é a parte da equipe que precisa funcionar sem julgamentos prévios e com vasta e variada informação sobre todos os assuntos possíveis. É a partir da reunião de dados e informações que grandes ideias podem se transformar em grandes soluções de comunicação.

Antigamente, a Criação era composta de um redator, que trabalhava com a criação dos textos, em uma sala, e de um diretor de arte, que criava, em outra, as ilustrações/imagens a partir do texto entregue pelo redator. Hoje, não se imagina o trabalho segmentado da dupla de Criação: **redator e arte vivem juntos**. Além disso, cabe ao arte-finalista um terceiro personagem, o retoque final dos trabalhos antes de ir para a produção, conferindo e finalizando medidas, resoluções de imagens e formatos.

Missão

A missão da dupla de Criação é captar a essência criativa do planejamento estratégico de comunicação. Muitos comparam o trabalho desenvolvido pela equipe de Criação ao molho da macarronada: com ele, é possível dar sabor ao processo; sem ele, as coisas até ficam nutritivas, mas praticamente intragáveis. Dentro ainda dessa missão está a de casar o argumento/mote com uma arte coerente e que se encaixe perfeitamente no contexto. Para isso, a dupla de Criação precisa pensar nas caras e bocas que a modelo vai fazer, no roteiro do *spot*, nas emoções e na subjetividade que precisam ser passadas na estratégia.

O perfil exigido para o pessoal da criação possui boas doses de curiosidade e ousadia. Isso porque, sem saber de tudo um pouco e sem experimentar novas combinações do tipo "por que não?", não conseguimos criar algo de impacto e que realmente venda ideias.

Desafios principais

Um dos principais desafios da dupla de Criação é traduzir em emoção a objetividade das estratégias de comunicação previamente planejadas. Além disso, é importante pensar no casamento entre mensagem e meios de comunicação, para que o investimento no meio seja recompensado pelo brilhantismo e *glamour* das criações, trazendo o resultado esperado em números e cifras.

Principais problemas a enfrentar

O principal problema enfrentado pela dupla de Criação são os prazos exíguos normalmente definidos para realizar a atividade, bem como a cobrança contínua para que desenvolvam ideias brilhantes. Consideradas eventualmente como deusa do Olimpo, a dupla de Criação é vista como os que têm – ou deveriam ter – os *maiores* e melhores *insights*[*] e sacadas, e isso sempre deve acontecer de ontem para hoje. A briga com o Atendimento é comum quando se quer mostrar a importância de se ter prazos maiores para ser possível fazer algo que fique,

---

[*] *Insight* indica um estalo, uma clareza súbita que aponta a solução de um problema (Houaiss; Villar; Franco; 2001).

no mínimo, interessante. Outro obstáculo que pode surgir no trabalho da Criação são os *briefings* e os planejamentos incompletos. A Criação depende de informações colhidas pelos outros departamentos, pois não realiza sempre o contato com o cliente ou com o mercado. Dessa forma, suas dúvidas devem ser sanadas da melhor e mais detalhada maneira possível.

2.4 O Mídia

O profissional de mídia é o responsável por estudar aquilo que é veiculado e por defender os interesses do cliente, negociando os melhores valores de espaços e tempos nos meios de comunicação. Considerado como um elo entre a agência e a necessidade dos clientes com os veículos de comunicação, o encarregado pela área de mídia deve estar sempre bem atento às oportunidades e às grades de programações, comprando pesquisas e maximizando os investimentos dos anunciantes na relação entre valores investidos e exposição dos produtos/serviços/marcas.

Missão

O trabalho do Mídia começa quando o planejamento distribui as tarefas a serem cumpridas pela equipe[*] e sugere algumas saídas para a veiculação de mídia – se esse for o caso do cliente. Partindo do estudo de pesquisas regulares de mídia realizadas por institutos ou empresas independentes, ou mesmo lançando mão de pesquisas especiais para

---

[*] Em grandes agências, a distribuição de tarefas é realizada pelo Tráfego (ver item 2.6).

essa situação (as primárias, como você verá no capítulo sobre pesquisa), o Mídia tem condições de avaliar as melhores opções de veiculação para determinado cliente. De posse do plano de aplicação do orçamento, sua missão, então, é cruzar as melhores inserções com os seus respectivos valores de veiculação tentando negociar, a partir da demanda que a própria agência apresenta ao veículo, descontos interessantes que façam com que o cliente tenha possibilidade de obter maior exposição nos melhores horários/locais, com o mesmo investimento, obtendo os melhores resultados.

Desafios principais

Entre os principais desafios estão os de garantir os melhores espaços para os clientes da agência dentro da equação público/objetivo/produto. Outro grande desafio é o de fazer o orçamento do cliente possuir uma boa relação custo-benefício e com resultados concretos em retorno de campanha, a partir da escolha das melhores veiculações.

Além disso, é o Mídia quem acompanha o envio das peças produzidas para os veículos de comunicação e a sua exata inserção (Setor de *Checking**) no local/tempo previamente comprado/negociado. Ele é ainda responsável por produzir os relatórios de mídia – que serão levados pelo profissional de Atendimento ao cliente, para que este comprove a correta aplicação do

---

* O Setor de *Checking*, quando existe na agência, faz a conferência da veiculação do que foi contratado pelo Mídia. É comum o Mídia fazer esse trabalho também.

Capítulo 2

orçamento e os resultados de exposição do produto/serviço/marca.

O Mídia deve pensar em outros dados necessários à definição do melhor meio para a mensagem do cliente, os melhores formatos e localizações/tempos dentro do meio escolhido; a cobertura geográfica ou mesmo o *target*[*] a ser atingido (a cobertura pode ser variável, mas, num veículo segmentado, o que vale são as pessoas que serão atingidas); a continuidade de exposição (importa para ele manter uma presença que faça com que o consumidor não se esqueça da marca/produto/serviço com facilidade); a frequência de exposição[**];

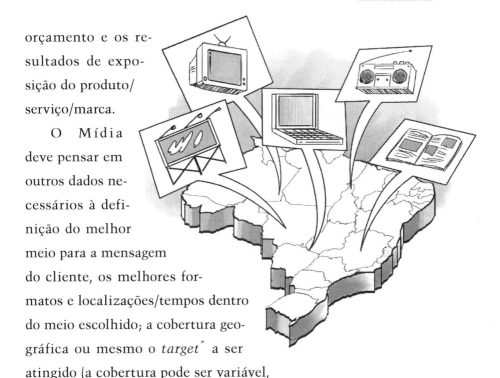

---

[*] *Target* é o alvo, o público que se pretende atingir numa campanha ou num plano de comunicação.
[**] A frequência de exposição é medida pela quantidade de vezes em que a marca foi exposta ao público-alvo numa campanha. É o número de vezes que o comercial é veiculado ou o número de anúncios realizados em um meio impresso.

a visibilidade (qual será o meio que trará melhor retorno de visibilidade) e a rentabilidade* (que advém do cruzamento das variáveis anteriores).

É importante ressaltarmos uma mudança significativa no mercado e no dia a dia do Mídia: se antes o que importava era o número de pessoas atingidas, atualmente o segredo de sucesso está na segmentação do público e no profundo conhecimento de seu comportamento, seus gostos e suas preferências. É por essa razão que o Mídia precisa ter em mente que **não basta mais apostar as fichas em um veículo nacional de grande alcance, mas pensar no local, no regional, no mais próximo**, dividindo os valores de aplicação dos recursos em variadas mídias, além de focar mais na qualidade e na efetividade no retorno do que em grandes massas a serem alcançadas.

Principais problemas a enfrentar

Uma relação que quase sempre é cercada de tensões é a do Mídia com os contatos publicitários dos veículos de comunicação. Os contatos possuem a missão de convencer o Mídia a publicar/veicular em seu veículo, mostrando que este possui vantagens interessantes. Há ainda a queixa frequente dos contatos de que o Mídia não abre possibilidade de aplicação dos

---

* A rentabilidade pode ser calculada pelos índices de cobertura de público, como o custo por 1000 pessoas atingidas (CPM) ou pelo *Gross Rating Points* (GRP), que é a soma das audiências brutas dos comerciais, cruzando a cobertura com a frequência das pessoas exposta (Sant'Anna, 2002; Benetti, 1989).

recursos nas mídias segmentadas*, apostando quase sempre num retorno garantido pelas mídias tradicionais nacionais. Como o mercado tende a segmentar os veículos devido a uma regionalização cada vez mais acentuada, outro problema que deve ser enfrentado é o controle do grande volume das informações que acaba sendo alocado em cada inserção segmentada. Antes, poucos veículos eram considerados peças-chave no resultado de divulgação. Atualmente, o volume de informação a gerenciar é altíssimo, e a função do Mídia deixou de ser somente apresentar os valores de inserção – ele passou também a propor formas inovadoras de aplicação dos recursos de uma campanha.

2.5 O Administrativo e o apoio

Para que a engrenagem da agência funcione com perfeita sincronia, principalmente no cumprimento dos prazos propostos pelo cliente e pelo Atendimento, as funções de apoio devem trabalhar em consonância com o restante da equipe em ritmo e eficiência. Às vezes renegado a um segundo plano – até porque as grandes premiações são dadas sempre aos criadores, ao Mídia e ao Planejamento –, o pessoal que cuida da saúde da empresa e dos processos internos, financeiros e cotidianos possui uma boa parcela de responsabilidade na gestão da agência. Como toda empresa que se preze, a agência possui grupos de pessoas que dela dependem, isto é, há contas a pagar; assim, é necessário visualizarmos sempre no final do túnel uma lucratividade que

---

* Mídias segmentadas são aquelas que se restringem a atingir um grupo específico de público ou região. Já as mídias tradicionais aqui são colocadas como as de atingimento nacional, como a TV ou os jornais nacionais.

faça a empresa crescer. Aqui, cabe fazermos um comentário a respeito do perfil do administrador ou do responsável pela gerência dessa ópera. Diferentemente do Atendimento ou da Criação, o administrador precisa contar com boa dose de sangue frio e estar com os pés no chão. Muitas vezes, é difícil entendermos que um cliente grande, detentor de uma marca famosa, uma conta deslumbrante do ponto de vista do *status*, seja um mau pagador e não valha a pena para a agência atendê-lo. O cálculo que envolve a subjetividade do que se ganha mantendo-o no portfólio e a objetividade do ônus de não se receber dele devem ser feitos pela área administrativa em conjunto com as outras áreas. É comum um dos sócios da agência ser o responsável por essa função ou mesmo agregar duas funções: a de administrador e a outra específica da área de publicidade, podendo ser Criação, Planejamento ou Atendimento.

No Setor Administrativo, dependendo do tamanho da agência, podemos contar com um profissional responsável por contas a pagar e a receber, compras, orçamentos, contratos firmados e outros documentos legais. Como apoio, podem ser necessárias pessoas responsáveis pela manutenção dos arquivos, do almoxarifado, da limpeza, entre outros.

Missão

A célula administrativa deve cuidar com zelo dos procedimentos que mantêm a agência em funcionamento. Pagamentos, negociações de débitos, cobrança e recebimento devem contar com planilhas atualizadas e detalhadas. Isso parece óbvio, mas muitas empresas da área de comunicação ainda pecam por não manterem a organização administrativa sob rédeas curtas. Muitos negócios acabam fechando por não acompanhar, constantemente, a saúde financeira da empresa, e vários erros administrativos são cometidos devido à falta de cuidado ou atenção. Por isso, olhar para a área administrativa com atenção, ficar atento às respostas que ela retorna à empresa e tomar as decisões em tempo hábil podem significar a manutenção e a sobrevivência no mercado.

Desafios principais

Manter mão de ferro nos fechamentos de contratos e na comunicação dos resultados periódicos da agência são alguns dos desafios da área. Fica a cargo do administrativo a avaliação a respeito da contratação de pessoal ou do desligamento de quem não tem apresentado resultados compatíveis com determinada função. Como qualquer outra empresa, a agência de publicidade precisa contar com profissionais que correspondam aos desafios a que se propõe, e alguém precisa estar atento às produções desses profissionais, além dos seus superiores imediatos.

Principais problemas a enfrentar

Um dos principais problemas enfrentados pela célula administrativa é gerenciar a montanha-russa de faturamento mensal. Por mais que esse seja o objetivo de toda agência, manter um fluxo de caixa padrão é ginástica a ser realizada todos os dias, e cabe ao administrativo jogar com as peças que tem para equilibrar as contas no final do mês.

2.6 Tráfego

Agências grandes contam ainda com a figura do Tráfego, que, conforme esclarece Martins (1999, p. 21), também é conhecido como *art buyer*. Esse profissional é quem se responsabiliza pelo cumprimento de prazos. Seguindo o fluxo de trabalho de uma agência, o Atendimento traz o *job* ou a campanha para a equipe, repassa as principais informações ao Planejamento, que, por sua vez, repassa aos criativos suas ideias. A Criação prepara um rascunho das possibilidades, o Atendimento leva ao cliente as ideias de solução e criação; depois que estas são aprovadas, com ou sem alterações, entra em cena o Tráfego, que distribui as tarefas entre os Departamentos de Mídia, Criação, Arte-Finalização e Produção, além de acompanhar os procedimentos para que sejam finalizados no tempo necessário para a veiculação negociada pelo Mídia.

Missão

Além de dar continuidade aos trabalhos internos a partir do acompanhamento próximo, o Tráfego é responsável por

Capítulo 2

encaminhar as documentações necessárias ao pessoal da Administração, a fim de que contratos, ordens de serviço e outros documentos entrem no trâmite processual normal da agência.

Atualmente, a figura do Tráfego tornou-se mais rara em razão de que as agências seguiram o rumo das tendências de mercado e enxugaram suas estruturas, às vezes terceirizando departamentos e, em outras, acumulando funções em um mesmo profissional. Atualmente, o Atendimento ou o Planejamento realizam, em várias ocasiões, a função do Tráfego.

2.7 Produção gráfica

Um setor que possui responsabilidades bem específicas é o de Produção Gráfica. Trabalhando com grande proximidade com as duplas de Criação, o pessoal responsável pela área pode ter formação em *Design*,

Produção Editorial, Letras (para revisão) e Publicidade. São eles que finalizam e fecham os arquivos a serem encaminhados para a produção das peças publicitárias, além de entrarem em contato com fornecedores, entre eles bancos de imagem, fotógrafos, gráficas e gráficas rápidas, para repassar os detalhes técnicos de cada produção e acompanhar, corrigir e finalizar a confecção de cada peça.

Missão

O fechamento de arquivos, a princípio, pode parecer algo simples, mas não o é. Cada veículo de mídia possui características técnicas específicas como centimetragem, resolução adequada de imagens, quantidade de *pixels*, extensões de *softwares* específicos, entre outras. Detalhes das finalizações dos *layouts* ou exportação de um arquivo em outra extensão, em alguns casos, podem tomar um dia inteiro. E não prestar atenção aos detalhes pode ser fatal na hora de as peças estarem prontas. É a Produção que repassa aos fornecedores e às gráficas as especificações técnicas de quantidade de cores, a codificação em RGB ou CMYK e ainda se certifica da qualidade de impressão, conferindo as provas* que saem no processo de impressão. Além disso, muitas vezes, visita os fornecedores para analisar o que está sendo produzido.

Desafios principais

Os principais desafios da área resumem-se em garantir e supervisionar a qualidade do material durante todo o processo. Algum detalhe que escape pode ser decisivo para grandes investimentos irem por água abaixo. Normalmente, a agência acaba tendo de refazer o material errado com seus próprios custos.

Principais problemas a enfrentar

A administração de prazos ínfimos é o principal problema enfrentado pela área, além, é claro, da contínua busca por qualidade nos fornecedores.

2.8 Produção de RTV

Atualmente, poucas agências possuem a produtora de *jingles*** ou de comerciais para cinema e TV dentro da própria estrutura. O mais comum é a contratação ou a terceirização dessas produções com empresas especializadas em áudio e vídeo. A produção de RTV pode agregar profissionais das áreas de TV e cinema, e é responsável por contratar e acompanhar a produção dos *jingles* e comerciais de TV.

---

* As provas são as impressões prévias do que vai ser a peça publicitária.
** *Jingles* são as músicas criadas com fim comercial para promoção de um determinado produto.

Missão

Garantir a qualidade e o cumprimento dos prazos prometidos nas produções de *jingles* para o rádio e de comerciais para TV e cinema é a missão da célula de produção em RTV. Esse grupo precisa entender de animação e das técnicas específicas de produção de comerciais para poder ter segurança na hora de direcionar as gravações e acompanhar as finalizações. É importante ressaltarmos que a produção de um comercial de TV possui custos altos, e um planejamento malfeito pode acarretar prejuízo tanto à agência quanto ao cliente.

Desafios principais

Produções de *jingles* e comerciais requerem uma equipe afinada, sendo que a escolha da produtora ou mesmo dos profissionais que estarão envolvidos em cada construção, pode significar desafios grandiosos.

Outro grande desafio que a produção de RTV enfrenta é cumprir prazos, garantindo a alta qualidade das produções. Com o mercado dinâmico atual, e levando em conta que o cliente quer aprovar o mais rápido possível o material, não se pode levar tempo demais na preparação e na produção de comerciais.

Problemas a enfrentar

Os problemas comuns nessa área estão relacionados aos prazos apertados e aos orçamentos muito enxutos destinados à produção, o que representa reduzir as opções de criação e produção em filmes. Equipes que deveriam ter diretor, dois produtores e mais um grupo de quatro auxiliares entre maquiadores, iluminação, edição, entre outros, acabam sendo reduzidas em nome da economia.

2.9 Pesquisa

Há agências que mantêm um Departamento de Pesquisas, que trabalha em consonância com o Planejamento, buscando informações e monitorando o mercado, os concorrentes dos clientes, as campanhas realizadas, as programações de mídia, entre outros. Sua missão é manter os departamentos da agência informados continuamente sobre o mercado. Há ainda a possibilidade de esse departamento realizar pesquisas especiais para missões ou projetos específicos.

Atualmente, ainda em nome da redução de despesas, a grande maioria das agências de publicidade prefere atuar em parceria com institutos de pesquisa ou com a contratação desse tipo de serviços quando necessário.

Estudo de caso

Monte uma agência júnior (fictícia) com pessoas interessadas na área e com elas discuta as funções que cada um vai exercer. Em seguida, discriminem um cliente e realizem a produção de uma campanha fictícia, levando em conta a divisão de tarefas e funções.

Para saber mais

Para avaliar como se dão as relações de trabalho dentro de uma agência de publicidade, sugerimos o seriado *Trust me*. A série conta a história de dois amigos, ambos publicitários, em que um acaba por ser promovido, tornando-se chefe do outro. Outra série interessante é a *Mad Men*, que, ambientada nos anos 1960, retrata as mudanças morais e sociais dos Estados Unidos.

MAD MEN. Estados Unidos: ACM, 2007. Série de televisão.
TRUST ME. Estados Unidos: TNT, 2009. Série de televisão.

Síntese

Neste capítulo, estudamos as funções e as missões de cada área dentro de uma agência de publicidade, além das responsabilidades, dos desafios e dos problemas comuns enfrentados por elas.

Capítulo 2

Questões para revisão

1) É possível trabalhar, concomitantemente, nas áreas de planejamento e criação em uma agência? Justifique sua resposta.

2) Quais profissionais podem fazer parte de uma agência, além dos que são formados em publicidade? Quais as funções normalmente desenvolvidas por essas outras áreas do conhecimento?

3) Qual função da agência é responsável por coletar as informações adicionais necessárias para desenvolver uma campanha de publicidade?
   a) Criação.
   b) Mídia.
   c) Pesquisa.
   d) Tráfego.

4) A Criação normalmente tem como missão:
   a) ter frequentes ideias brilhantes.
   b) dar uma boa lida no *briefing* trazido pelo atendimento.
   c) criar o mote, o conceito da campanha, além dos textos e dos *layouts* necessários.
   d) trabalhar em dupla, ajudando as outras funções.

5) O Planejamento:
   a) trabalha em dupla com o Atendimento, planejando todos os passos das apresentações ao cliente.
   b) cobra da dupla de Criação o cumprimento dos prazos.
   c) fornece ao Mídia os gráficos dos veículos de comunicação.
   d) é responsável por reunir os dados adicionais da campanha e traçar uma linha de ação para que as outras funções possam direcionar seu trabalho.

6) Qual é o principal desafio da equipe do Administrativo?
   a) Conseguir acompanhar a linha criativa da dupla de Criação.
   b) Cumprir os prazos fornecidos pelo Atendimento.
   c) Administrar a montanha-russa financeira da agência.
   d) Distribuir as funções a cada um da equipe na agência.

7) As células de produção gráfica e de RTV são formadas quase sempre por:
   a) *designers* e profissionais das áreas de Letras, Rádio e TV.
   b) publicitários, somente.
   c) professores e relações-públicas.
   d) equipe específica de produtores.

capítulo 3
Fabricação da campanha publicitária

Conteúdos do capítulo:

- O caminho que uma campanha publicitária percorre desde o momento em que o cliente é contatado pelo Atendimento até a defesa da campanha;
- Um exemplo prático e fictício de uma agência atendendo uma fábrica de xampus.

Após o estudo deste capítulo, você será capaz de:

- fazer uma prospecção de clientes;
- visitar um novo cliente ou um já conquistado;
- acompanhar o fluxo que uma campanha publicitária percorre dentro da agência;
- planejar seus passos no atendimento dos clientes e prever os principais problemas que podem ser encontrados;
- mostrar os resultados de criações da agência;
- fazer o acompanhamento de novas produções para o cliente;
- refletir a respeito dos procedimentos que já são comuns no seu dia a dia.

Capítulo 3

Nos dois primeiros capítulos, você pôde verificar como ocorre o processo de montar uma agência de publicidade – de pequeno, médio ou grande porte – e conhecer a estrutura e as principais funções exigidas para que ela atue no mercado. Neste capítulo, serão demonstrados os trâmites que permeiam uma campanha publicitária e, para que você tenha uma visão mais concreta dos passos necessários para a sua produção – ou fabricação, como costuma dizer Martins (1999) –, será descrito um caso fictício envolvendo uma fábrica de xampus. O exemplo traz, passo a passo, desde a necessidade de prospectar o cliente até a avaliação dos resultados finais.

Prospecção

Normalmente, o Atendimento é responsável por prospectar novos clientes para a agência, além de atender às contas já existentes.

Antigamente, existia um profissional focado somente em prospecção. Hoje, dificilmente essa função é encontrada nas agências. No exemplo apresentado, o Atendimento tem como objetivo semanal visitar e obter dados de pelo menos um possível cliente. Esses dados podem ser obtidos de várias maneiras:

- **A famosa *networking***: refere-se aos contatos com colegas de outras agências, nas quais um possível cliente concorre no mesmo ramo de negócio de outro cliente já efetivado. Como não é ético uma agência atender clientes que concorram entre si, um deles pode ser indicado a uma outra agência.
- **Percepções cotidianas**: clientes são captados quando se percebe uma nova construção de uma loja, quando se verifica placas de rua ou mesmo quando há divulgação por meio de panfletos em geral. Nesses casos, o perfil investigador do Atendimento pode ser muito útil na hora de pesquisar se esse cliente já é atendido por uma agência ou se é possível lhe propor uma visita.
- **Notícias em jornais**: os jornais são ótimas fontes de possíveis clientes, pois noticiam inaugurações, vendas de empresas ou mesmo separações de sociedades. Grandes e bons clientes podem vir dos próprios jornais e de outras publicações especializadas.
- **Os próprios contatos publicitários dos veículos de mídia**: esses profissionais acabam sendo procurados por clientes que precisam anunciar e acabam descobrindo que não há uma agência que os atenda. Possuem informações

Capítulo 3

privilegiadas a respeito de agências que perderam determinadas contas ou outro movimento similar do mercado. Por isso, manter uma relação cordial com contatos publicitários pode ser bem útil na hora de prospectar novos clientes.

- **Lista telefônica**: pode parecer básico, mas a lista telefônica serve como uma boa fonte de clientes a serem prospectados.

Alguns Atendimentos ainda se planejam a partir de uma lista de ramos de negócio, verificando os clientes que já são da agência e as áreas em que atuam; em seguida, listam os outros diversos segmentos de negócios que podem sugerir possíveis novos clientes. Vale reiterarmos que **uma agência de publicidade não atende a clientes concorrentes**. Essa prática está prevista na lei que regulamenta a profissão – já mencionada no primeiro capítulo – e no código de ética. Os motivos são óbvios: para se planejar campanhas publicitárias, a agência precisa saber de detalhes do negócio do cliente, e estes, se "vazados" para os concorrentes, podem significar a conquista ou a perda de boas fatias de mercado. Como confiança é a matéria-prima para a relação com o cliente, cabe à agência escolher a qual deus irá servir, porque, em publicidade, também não se pode servir a dois deuses, ou seja, a clientes concorrentes.

Veja a seguir o exemplo.

O caso da Cabelos ao Vento: prospectando o cliente

Raul, profissional do Departamento de Atendimento da HZ Publicidade e Propaganda, compareceu, como fazia todos os meses, ao Publisher Coffee, café temático que reune os profissionais de publicidade[*]. Claro que já sabia de antemão que os eventos nessa área são importantíssimos para manter firmes os laços com antigos colegas da turma da faculdade ou mesmo com amigos de outras agências – pois normalmente rendem boas indicações e lucrativas trocas de figurinhas.

No evento, Raul se encontrou com Juarez, um antigo colega que atuava na Flick Publicidade, uma das maiores concorrentes da HZ. De repente, Juarez libera uma informação:

— Vou te passar uma boa dica: a Cabelos ao Vento, empresa que industrializa xampus e outros cosméticos, vai instalar sua fábrica aqui em breve.

Raul já sabia que a Flick tinha um grande cliente da área de cosméticos – que incluía xampus – e, portanto, a conta não interessaria ao colega.

— Puxa, Juarez, obrigado por avisar!

O encontro no café durou menos de uma hora e, entre tantas conversas e reencontros, Raul saiu com uma boa indicação de cliente.

A visita

Neste passo, o Atendimento pega os dados do cliente, marca uma visita de apresentação e vai visitá-lo. Não é necessário dizer que antes disso ele pesquisa tudo o que está ao seu alcance sobre as informações que envolvem o produto,

---

[*] Veja no quinto capítulo as associações que promovem esses eventos.

Capítulo 3

o posicionamento e o mercado do cliente. É papel do Atendimento estar sempre bem informado a respeito das possibilidades e das maneiras pelas quais a agência pode ajudar o cliente a lucrar mais. Na verdade, é isso que o Atendimento deve ter em mente na hora de visitar o cliente e, por isso, precisa ser um ótimo vendedor de ideias, pois o possível cliente o esperará com a pergunta de sempre: "Afinal, o que eu ganho com isso?" ou, nesse caso, "O que eu ganho ao contratar você?".

Assim, o Atendimento mostra por A mais B como anda o mercado do cliente, o que é possível implementar, em quais nichos ele ainda não apostou, de quais argumentos e estratégias não se utilizou, ou seja, que há um mundo para ser conquistado e que pode ajudá-lo a vender ainda mais, a posicionar bem seu produto, entre outros ganhos. O Atendimento deve estar preparado para comentários do tipo: "Estamos vendendo muito bem só com uma boa escolha de PDV*"; "Não precisamos de propaganda" ou "Se vendermos mais, não teremos capacidade de produção para atender ao mercado".

Não há uma maneira de ensinarmos como devemos superar cada objeção que o cliente possa vir a fazer, mas é importante ressaltarmos que o Atendimento precisa estar muito bem preparado para respondê-las com convicção e à altura do que a agência na qual trabalha merece.

Contudo, mais do que dizer a respeito do quanto é boa a sua agência, ou do quanto você pode ajudar o cliente, o Atendimento, nesse primeiro momento, fará perguntas dentro daquilo que o cliente estiver disposto a responder. Ele quer, com isso, conhecer a fundo quais os principais desejos do cliente e os seus objetivos a curto e longo prazos.

---

* PDV é o ponto de venda, ou seja, lugar onde se comercializa ou expõe um produto.

É a partir dessas informações que ele poderá vender a sua agência com os argumentos específicos que o cliente quer ouvir.

O caso da Cabelos ao Vento: visitando o cliente

Logo que chegou à agência, Raul começou sua pesquisa levantando tudo o que havia disponível a respeito do possível cliente. Assim, obteve informações sobre o produto, o posicionamento e o mercado da Cabelos ao Vento, e descobriu que ainda não haviam inaugurado sua nova fábrica. Em seguida, marcou uma visita de apresentação com Ulisses, diretor comercial da empresa.

Ao chegar, apresentou-se e foi logo demonstrando que aquele mercado de xampus lhe era bastante familiar. Depois disso, mostrou como poderia ajudar a nova organização. Antes, apresentou uma relação de clientes que já vinham sendo atendidos pela agência e, principalmente, os resultados que alcançaram com as últimas campanhas. Também levou um portfólio com as peças mais famosas, conseguindo o comentário esperado:

— Ah! Essa aqui eu vi. Foram vocês que fizeram, então?

Mas Raul sabia que o mais importante era saber mais a respeito do possível cliente. Era a hora de fazer perguntas sobre os planos de divulgação do novo produto. Como responsável pelo Atendimento, reconhecia a necessidade de conhecer a fundo quais eram os principais desejos do cliente, assim como seus objetivos a curto e longo prazos.

Depois de ouvir atentamente os planos de Ulisses, ainda teceu alguns comentários bem específicos de como a HZ poderia se encaixar nesses planos.

Capítulo 3

O acompanhamento de prospecção

O Atendimento fez a visita, conversou, demonstrou o portfólio, deixou cartão e saiu com a promessa de que o cliente pensaria em tudo o que lhe foi dito. Para quem acha que agora é só esperar, está muito enganado. Vários Atendimentos suaram bastante a camisa antes de conquistar aquela tão sonhada conta. O momento agora é o de namoro. **Ligue, acompanhe, corteje, mas não seja chato.** Qualquer mulher que se preze foge correndo de um garoto "chicletão", daqueles que não desgrudam. Cliente é assim também. Se ligar demais enjoa. Por isso, o Atendimento precisa saber medir a intensidade do cortejo para o feitiço não virar contra o feiticeiro.

Enviar convites para palestras sobre o mercado e lembrar dele mandando por *e-mail* informações que podem ser úteis à empresa também são uma boa pedida.

O caso da Cabelos ao Vento: acompanhamento de prospecção

Fazia uma semana que Raul tinha feito contato com Ulisses, e nada de obter retorno. Este disse que ia pensar e mostrou-se interessado, e Raul sabia do ditado "quem não é visto, não é lembrado".

Resolveu, então, enviar-lhe um *e-mail* comunicando sobre uma palestra que a Associação Comercial iria promover a respeito de posicionamento da marca. Era uma chance de manter avivado o contato. Ele produziu o seguinte texto:

"Olá, Ulisses!

Pensando nos interesses da Cabelos ao Vento, resolvi entrar em contato. Considero ser importante colocar a Cabelos ao Vento na ponta das marcas de xampu mais vendidas na região. O *newsletter* que segue o convida para uma palestra que discutirá soluções para implementar ações de divulgação específicas para cada caso.

Um grande abraço,

Raul"

O cliente é seu!

Em caso de resposta afirmativa do cliente, é hora de iniciar o trabalho. O Atendimento deve começar a preparar o *briefing*, detalhando o principal objetivo do cliente naquele momento. Por meio de perguntas, reunirá as principais informações que nortearão a campanha. É na construção proativa do *briefing* que é possível coletar o maior número de informações úteis, que passarão a direcionar todo o trabalho da equipe. É nesse momento também que o Atendimento irá propor o formato de remuneração: por *job*, bonificação por volume (BV) ou *fee* mensal.*

O caso da Cabelos ao Vento: o primeiro atendimento

Que maravilha! Ulisses estava pensando em como fazer o lançamento de um creme para cabelos ruivos e acabou lembrando da HZ! Raul foi visitá-lo e procurou entender, nesse primeiro momento, algumas das impressões principais e os desejos do diretor. Fez várias perguntas e, no meio dos questionamentos, deu sugestões para sentir o terreno e, com isso, poder construir um *briefing* mais completo. Estas foram algumas das perguntas de Raul:

— Você pensa em realizar um evento para os cabeleireiros da região?

— O que acha de uma campanha que agregue *spots* de rádio, comercial de TV e distribuição de sachês com o creme?

— Bem, se o público é bem restrito – mulheres ruivas – uma ideia seria uma ação de *marketing* direto com um banco de dados somente de mulheres ruivas... Podemos convidá-las para uma tarde de beleza para que experimentem o creme.

---

* Quando o pagamento é por job, o cliente paga pelo trabalho de planejamento e criação. A escolha da mídia e o acompanhamento de veiculação estão fora desse orçamento. Quando o pagamento é por BV, a agência recebe porcentagens que variam de 15% a 20% sobre o valor de investimento em mídia – esse valor pode ser pago pelo cliente à agência ou pelo veículo de comunicação. E o pagamento de fee mensal, como já mencionado, é um pagamento de valor fixo à agência no qual se engloba um pacote de serviços a serem prestados dentro de um determinado período de tempo.

Raul estabeleceu as principais diretrizes do que Ulisses pensou e negociou como será feita a remuneração da agência. Saiu de lá com o *briefing* previamente construído, uma conta de *fee* mensal de seis meses prorrogáveis e com o desafio de lançar o creme para cabelos ruivos na cidade e na região metropolitana.

O repasse das informações à agência

Nessa fase, o Atendimento chega à agência e informa ao pessoal do Administrativo sobre a necessidade de confecção do contrato de prestação de serviços. Antes de passar qualquer informação à equipe, esse contrato deve estar acordado e assinado pelo cliente. Isso é, na verdade, o que sempre deveria acontecer. Contudo, é comum o Atendimento passar as informações à equipe enquanto o contrato é assinado, economizando o tempo. Há riscos em se trabalhar sem estar tudo acertado no papel, mas também nem todo mundo consegue ser estrita e burocraticamente certinho o tempo todo. Por isso, bom senso é fundamental.

O caso da Cabelos ao Vento: o repasse das informações à agência

Raul chegou à agência e encontrou Danilo, o redator. Comentou a respeito do novo cliente e o animou a ir pensando nas possibilidades de lançamento do creme para cabelos ruivos. Chegando a sua sala,

Capítulo 3

ligou para Adriana, responsável pelos contratos, dizendo que estava passando por *e-mail* os dados do novo cliente e que precisava da minuta do contrato até às 17h para que este pudesse aprová-lo.

Depois, concentrou-se em escrever o *briefing* completo*, anexando algumas informações a respeito da Cabelos ao Vento e do mercado de xampus da região. Por ser uma conta nova, considerou por bem reunir o pessoal na hora do café para fazer uma miniapresentação, e adiantou algumas informações importantes da sua reunião com Ulisses.

O *briefing*, enviado no final da tarde ao Planejamento e à dupla de criação, continha as informações principais do trabalho a ser realizado, como objetivo, situação atual da Cabelos ao Vento, suas estratégias anteriores, público-alvo, preferências do Ulisses, obrigatoriedades (utilização de logo, *slogan*), verba a ser aplicada, entre outras.

Depois de receber a minuta aprovada e assinada pelo cliente, optou por realizar um *brainstorming*** com a equipe, momento no qual surgiram as principais ideias iniciais para o planejamento das atividades, da campanha da Cabelos ao Vento e do lançamento do creme para cabelos ruivos.

---

* Veja no sétimo capítulo como se produz um *briefing*.
** *Brainstorming*: a tradução literal desse termo é "tempestade cerebral". Uma pequena regionalidade é inserida aqui: para o mineiro caipira seria um "toró de ideias ou de parpites". *Brainstorming* é a reunião que serve para o levantamento das ideias iniciais de um projeto. Há metodologias diversas para sua realização, mas quase todas se resumem nos seguintes passos: lançamento de ideias em geral sem prévio julgamento, análise das possibilidades viáveis, seleção das mais adequadas, teste de consecução e aprofundamento prático.

■ ■ ■ ■ ■ ■ ■ ■ ■ ■

O planejamento das ações

O Planejamento levantará todas as possibilidades de estratégias e soluções que podem ser utilizadas para essa campanha específica e criará, a partir dessas decisões, *minibriefings*[*]. É importante ressaltarmos que, enquanto o Planejamento está construindo o *briefing*, o Atendimento já confeccionou um rápido relatório que abrange desde a visita ao cliente até o repasse das informações à equipe. Esse relatório será guardado em seus arquivos e será muito útil quando do acompanhamento do trabalho e no caso de o Atendimento precisar repassar essa conta a outro colega que irá ajudá-lo.

Voltando ao Planejamento, depois de selecionar as melhores estratégias, é hora de repassar as missões. Os *minibriefings* ajudarão a direcionar as atividades. A Criação recebe as orientações e as peças que devem ser criadas, o Mídia receberá os perfis de veículos que precisam ser encontrados ou escolhidos, e os outros departamentos terão os principais direcionamentos de trabalho.

O caso da Cabelos ao Vento: o planejamento

Lúcia, responsável pelo planejamento da campanha do creme para cabelos ruivos, depois de pesquisar e analisar as principais

---

[*] *Minibriefings* são instruções detalhadas com foco na especificidade de cada departamento. São as fatias do trabalho que competem a cada função.

Capítulo 3

possibilidades, estabeleceu como estratégias ideais – possíveis de serem realizadas com a verba proposta – comerciais de TV pelo período de duas semanas, anúncios nas principais revistas femininas do país e distribuição de amostras pelos Correios para um banco de dados selecionado, somente de mulheres ruivas.

Com base nessas ideias, Lúcia escreveu os *minibriefings* para os criativos começarem a trabalhar nos anúncios, nos comerciais e no *layout* das amostras de creme.

7º passo

A criação

Em trabalhos paralelos, a Criação, o Mídia e os setores de apoio são chamados a atuar. O Planejamento repassa à equipe as especificidades de cada um para serem realizadas.

O caso da Cabelos ao Vento: o trabalho começa

Para Aline e Roberto, a dupla de Criação, a missão que a Lúcia passou foi criar:

- *storyboard** do comercial – contendo ilustração em rascunho e PB das principais cenas;
- *layout* do anúncio para a revista;

---

* *Storyboard* é o desenho em quadrinhos sequenciais de como ficará o comercial de TV. Serve como uma prévia do que será filmado.

- *flip** com informações importantes para acompanhar a amostra do creme;
- carta e envelopamento para as consumidoras que irão receber as amostras pelos Correios.

Já o Alfredo, o Mídia, recebeu, em suas recomendações no *minibriefing*, a missão de encontrar as melhores negociações com as revistas femininas de maior alcance, fazendo sempre a conta da frequência *versus* exposição** mais vantajosa para a Cabelos ao Vento e os melhores espaços televisivos por meio dos quais possa encontrar a maior cobertura de mulheres ruivas.

O pessoal da Produção Gráfica foi incumbido de realizar os orçamentos com Correios e produção de *flips*, cartas e envelopes para o número de mulheres ruivas que irão receber as amostras.

Após dois dias, Aline e Roberto já estavam apresentando as ideias e as argumentações à equipe da agência para discussão e crítica. Raul, pensando na aprovação, deu algumas dicas de ajustes a partir do que já conhecia em Ulisses.

No outro dia, Aline e Roberto já tinham os rascunhos das peças principais; Alfredo, um plano de mídia com custos, e o pessoal da Produção, o orçamento total. Raul pegou todos esses documentos e marcou uma reunião com Ulisses.

---

* *Flip* é o envelope ou minifôlder no qual as amostras serão anexadas para serem enviadas. Contém o texto explicativo sobre o produto e os *slogans* de divulgação.

** O cruzamento dessas duas informações dá o resultado da visibilidade requerida. Para isso, **frequência** é quantas vezes o comercial ou anúncio será repetido, e **exposição** são as emissoras e as publicações que serão escolhidas.

Capítulo 3

Apresentação da ideia ao cliente

O momento de apresentar a ideia ao cliente é tão crucial que há um capítulo neste livro, o décimo, só para discutir as estratégias a serem utilizadas. A dica principal é dada, novamente, ao Atendimento: **defenda com unhas e dentes as estratégias pensadas e criadas pela sua agência, tratando daquilo que o cliente quer ouvir – O que ele vai ganhar com isso tudo?** Raramente a ideia da agência passará intocada em uma primeira aprovação. É possível que, com algum tempo de caminhada conjunta, o cliente aprove sem mais delongas o material apresentado, mas, quando se trata de uma primeira campanha, é mais do que certo que ocorram ajustes.

Outras informações que o Atendimento apresentará ao cliente são os orçamentos das produções e das veiculações. Ele deve voltar dessa visita com a assinatura que aprova os débitos e com as alterações sugeridas na campanha por escrito e assinadas. Essa seriedade nas aprovações de alterações é necessária para não se ter problemas com clientes desmemoriados. Há aqueles que em cada dia da semana aprovam o material de um jeito e, quando o Atendimento volta com as correções, ele é capaz de dizer: "Não foi isso que eu tinha sugerido". Aí lá vão o Atendimento e toda a equipe perder tempo de novo. Por isso, o melhor é deixar tudo por escrito, bem claro e assinado.

O caso da Cabelos ao Vento: apresentando a ideia

Raul foi animadíssimo visitar Ulisses, tendo preparado um show de apresentação. A campanha do creme para ruivas ia ser um sucesso!

Ulisses aceitou bem as ideias de comunicação dirigida pelos Correios e os anúncios em revistas. Mas achou melhor não fazer televisão. Preferia investir mais em anúncios em outras revistas.

Raul voltou para a agência repassando a mudança de planos para Alfredo orçar outras revistas. Para Aline e Roberto, enviou o *contrabriefing* explicando as alterações que Ulisses pediu. Assim que recebeu as novas provas, foi pedir a assinatura de Ulisses nos novos documentos. Aprovado! Era hora de correr. A campanha precisava ficar pronta logo.

Produção

A produção é o momento de concretizar o que foi planejado. Os detalhes devem ser vistos agora para que a finalização fique perfeita e condizente com o que foi estipulado anteriormente.

O caso da Cabelos ao Vento: a produção

Aline e Roberto finalizaram o material enviando os arquivos ao pessoal da Arte-Finalização e da Produção Gráfica. Aqueles produziram as fotos necessárias, encontraram estúdio e selecionaram modelos. Os produtores gráficos acompanharam a produção dos anúncios,

Capítulo 3

dos *flips*, dos envelopes e das cartas até irem para a gráfica. Tudo foi entregue ao Alfredo, que encaminhou aos veículos contratados e ainda descreveu o que foi acordado em um roteiro, entregando-o com os arquivos. Tomou, também, o cuidado para protocolar essa entrega, evitando que materiais de clientes diversos se perdessem no meio da agência ou houvesse confusões entre propostas de clientes.

Os materiais que iriam pelos Correios foram enviados à agência* parceira da HZ, que se responsabilizou em etiquetar e envelopar as amostras antes de enviá-las.

10° passo

Checking

Pode ser o próprio Mídia ou o Departamento de *Checking* da agência, ou ainda um estagiário que irá realizar a checagem para saber se a mídia foi feita e veiculada como contratada. No caso de mídia impressa, o próprio contato do veículo se encarrega de entregar alguns exemplares da publicação para a agência. O comercial de TV pode ser gravado ou irá figurar no relatório de mídia referente ao contato da televisão. No caso das postagens das amostras, os Correios podem emitir um relatório de envio com as porcentagens de retorno por dados desatualizados.

É interessante que todo esse material seja anexado ao relatório das atividades realizadas pela agência, sendo depois levado pelo

---

* Agências dos Correios ou suas franquias estão agregando serviços aos já prestados e também oferecem o manuseio de materiais de comunicação dirigida.

Atendimento ao cliente, juntamente com a nota fiscal das despesas realizadas em produção e em veiculação para programação de pagamento.

O caso da Cabelos ao Vento: *checking*

Alfredo pediu ao seu estagiário, Murilo, que visse nas revistas escolhidas se os anúncios foram bem produzidos. Murilo entrou em contato com cada um dos veículos e pediu um exemplar da publicação, a fim de colocar no relatório. Depois de ver se todos os materiais saíram nas edições contratadas, Murilo organizou-os e os entregou a Raul para que este os anexasse ao relatório de ações, que posteriormente seria levado a Ulisses. Os anúncios ficaram perfeitos.

Avaliação da campanha

Alguns autores afirmam que é de responsabilidade do cliente medir as alíquotas de aumento de vendas do produto depois da realização de uma campanha, mas muitas agências se responsabilizam por isso ou contratam empresas de pesquisas para medir a eficácia das estratégias de comunicação utilizadas.

O caso da Cabelos ao Vento: avaliação

Ulisses não imaginava que o retorno da campanha do creme para cabelos ruivos fosse resultar em tal dimensão. Os principais pontos

Capítulo 3

de vendas onde os cremes foram colocados à venda fizeram novos pedidos em menos de duas semanas de campanha. Para as expectativas de Ulisses, o resultado foi bem interessante, e o retorno do investimento estava sendo medido. Como ele tinha parceria com uma empresa de pesquisa de um amigo, resolveu pedir a ele que o ajudasse a elaborar relatórios a respeito do crescimento das vendas e a entrevistar uma amostra de mulheres que receberam o material pelos Correios, para que expusessem se gostaram da campanha. Raul acompanhou de perto os resultados medidos e arquivou essas informações nos relatórios sobre a campanha. Separou ainda os anúncios publicados para colocar no portfólio.

Proposta para continuidade do processo

Promover um produto é ação que deve ser contínua. Assim, antes de terminar uma campanha, devemos ter em mente maneiras de dar continuidade aos trabalhos de promoção voltados ao cliente, pensando sempre em propor bons negócios para ele. Esses bons negócios podem significar, por exemplo, espaços promocionais em encartes sazonais ou realização de dias promocionais, como dia das mães, da mulher, Natal etc. O que importa é agir sempre de maneira proativa em relação ao negócio do cliente e seu aumento de vendas, exposição ou estabelecimento de marca.

> **O caso da Cabelos ao Vento: comunicação continuada**
>
> Na mesma semana em que recebeu os relatórios de resultados da campanha do creme para cabelos ruivos, Raul se ocupou de traçar outras possibilidades de promoção dos outros produtos da Cabelos ao Vento. Já tinha pesquisado e visto que era hora de investir na promoção da loção para cabelos arrepiados, que estava com vendas menores do que os outros produtos da linha. Marcou com Ulisses uma reunião para propor novas ideias de divulgação. A comunicação não pode parar.

Estudo de caso

Visite uma agência e peça para acompanhar uma das fases de confecção de uma campanha. Faça um relatório do que viu e discuta com pessoas da área pontos em comum que foram avaliados e as diferenças observadas.

Para saber mais

Para se conhecer mais a respeito de como é um procedimento de atendimento ao cliente e compreender o que o público-alvo pode querer, sugerimos que assista ao filme *Do que as mulheres gostam*, com Mel Gibson e Helen Hunt.

DO QUE as mulheres gostam. Direção: Nancy Meyers. Produção: Susan Cartsonis, Bruce Davey, Gina

Matthews, Nancy Meyers e Matt Williams. EUA: Paramount Pictures, 2000. 120 min.

Síntese

Neste capítulo, por meio de um exemplo de caso fictício, acompanhamos o processo de confecção de uma campanha publicitária, desde o contato do Atendimento com o cliente até a defesa da campanha e o estímulo à continuidade do trabalho. Vimos, com esse caso, como se dá o direcionamento de cada ação tomada pela agência e o papel de cada função dentro de uma campanha publicitária.

Questões para revisão

1) Com base no conteúdo estudado a respeito do comportamento do Atendimento em relação ao cliente, liste quais são os momentos mais importantes dessa relação.

2) Qual é a missão do Departamento de *Checking* após a realização da campanha?

3) Assinale a alternativa que **não** constitui uma fonte de possíveis clientes utilizada pelo Atendimento.
   a) Outros colegas, lista telefônica e notícias de jornal.
   b) Indicação de parceiros de trabalho.
   c) Noticiário de TV.
   d) Livro de fábulas infantis.

4) Após repassar o *briefing* ao Planejamento, qual é o próximo passo a ser dado pelo Atendimento?
   a) Fazer um relatório com a descrição da visita e as necessidades apresentadas.
   b) Nenhum, pois ele já cumpriu seu papel de atender ao cliente.
   c) Assessorar o Planejamento, caso este tenha alguma dúvida.
   d) Controlar o que cada função realiza, de modo que possa averiguar se tudo está saindo de acordo com o planejado.

5) A definição das estratégias de comunicação que serão utilizadas em determinada campanha é feita a partir de um *brainstorming*. Contudo, um profissional fica responsável por dividir as tarefas entre a equipe depois de estabelecer uma linha de ação. Em qual setor trabalha esse profissional?
   a) Criação.
   b) Atendimento.
   c) Produção.
   d) Planejamento.

6) A Produção realiza, primordialmente:
   a) a confecção das peças promocionais.
   b) os relatórios de índices de produtividade da agência.

c) o encaminhamento e o acompanhamento da produção das peças.
d) a avaliação da produção do cliente.

7) Qual é o departamento que confere se os anúncios foram devidamente veiculados?
a) Produção.
b) Atendimento.
c) *Checking*.
d) Criação.

capítulo 4
A agência pequena

Conteúdos do capítulo:
- Principais situações que ocorrem em uma agência pequena;
- Problemas do dia a dia de uma agência;
- Dicas de como resolver questões comuns do cotidiano;
- Ferramentas para o profissional organizar suas tarefas em tempo disponível.

Após o estudo deste capítulo, você será capaz de:
- planejar uma agência pequena;
- dividir funções;
- organizar tempo e atividades de maneira adequada;
- relacionar-se com maturidade com o seu sócio, seus clientes e seus funcionários.

Capítulo 4

Este capítulo dedica-se a quem tem ou está concluindo estudos na área da publicidade e quer montar seu negócio, ou àqueles que já estão se aventurando na área empresarial e precisam refletir um pouco a respeito dos procedimentos utilizados e rever alguns conceitos mercadológicos.

A não ser que você tenha ganhado uma herança de uma tia distante ou tenha um sócio capitalista* com bastante dinheiro na hora de abrir a sua agência, é recomendável começar de modo devagar, abrangendo apenas uma parte de tudo o que pode ser feito em comunicação. É importante, nesse momento, que você saiba em que área é mais capacitado, pois é necessário ser muito bom em pelo menos alguma das funções de comunicação, e é fato que você não será supertalentoso em todas elas ao mesmo tempo. Por isso, **autoconhecimento é fundamental para se escolher por onde começar**, principalmente porque,

---

* Capitalista, nesse caso, indica o sócio que normalmente entra com o dinheiro em uma sociedade.

no começo, você precisa oferecer aos clientes aquilo que sabe fazer de melhor. Com o tempo, você vai agregar profissionais qualificados de diversas outras áreas para que a equipe tenha estrelas de todos os naipes. Mas, no começo, é você com, no máximo, seu sócio.

4.1 O perfil e o talento aplicado

Há diversas vantagens em se montar a sua própria agência de comunicação e um punhado de ônus para carregar também. Por isso, é preciso pensar inicialmente em algumas situações básicas.

A primeira delas é você perceber se tem jeito para a coisa. Não para atuar com comunicação, criação, planejamento ou mídia, mas, sim, para ser empresário, o que é bem diferente de ser empregado. Esqueça o pensamento de que ser empresário é poder mandar em todos, explorá-los e ganhar muito dinheiro na "mamata". Se isso algum dia existiu, não existe mais, e o que resta disso está somente no discurso panfletário de algum sindicato atrasado. A menos que você seja um monstro da siderurgia ou presidente da maior agência multinacional estabelecida, você está inserido no pacote onde se encontram todos os visionários *workaholics*[*] da comunicação que querem alguma independência.

Por isso, saiba que, com a independência, vem a montanha-russa do ganho variável. Além disso, fundar a própria agência de publicidade não significa que podemos fazer tudo do jeito

---

[*] *Workaholics* são pessoas viciadas em trabalho.

Capítulo 4

que queremos. Mas, se isto o consola, podemos fazer, pelo menos, nosso próprio horário. Como empresário, você não terá um salário fixo no começo do mês, como na maioria dos casos, nem direitos trabalhistas protegidos em lei, nem mesmo fundo de garantia para casos de demissão ou doença. Você estará navegando em uma inconstância que, para muitos, pode significar noites inteiras sem dormir, ou mesmo o aparecimento de algumas doenças geradas pelo estresse. E isso é bem sério. Há pessoas que possuem perfil para serem aventureiros nos negócios, e outros para serem funcionários, com regras claras, orientações, um certo horário previsível de trabalho e uma estrutura com a qual contar.

É importante entendermos que optar por essa ou aquela forma de trabalho não traz mais importância ao que se realiza. Isso quer dizer que ser empresário não é, necessariamente, melhor que ser funcionário. É uma questão de perfil, de vocação e de motivação para o trabalho. Normalmente, os profissionais que escolhem abrir a própria empresa são movidos a desafios, possuem uma certa independência na hora de organizar seu dia a dia, preferem optar pela gestão própria das tarefas e dos seus horários e têm a possibilidade – em meio à montanha-russa mensal – de ganhar mais.

Para escolhermos esse caminho, saber o terreno em que estamos entrando é fundamental. Então, depois de lembrar que você não é aquele chefe atrás de uma mesa mandando nos outros, você ainda precisa saber que será exatamente aquele profissional que mais vai trabalhar dentro da organização. Além das tarefas exclusivas de comunicação, de pura técnica, você acumula a tarefa de administrador. Como sugestão do ideal, no começo, seria interessante você ter um sócio, seja ele capitalista ou não, e um estagiário/auxiliar. Isso, aliás, é uma estrutura mínima ideal para começar. Assim, as preocupações de contas a receber e a pagar, a estrutura, o atendimento a clientes e a fornecedores e o processo estratégico e criativo devem ser divididos entre você e seu sócio. Há ainda a possibilidade de você se especializar em uma das fases do processo de comunicação e subcontratar parceiros que farão o resto. No final deste capítulo, isso será mais bem tratado.

Outra opção é a de se estabelecer uma relação com um profissional autônomo, o que teria uma outra configuração. Este é o *freelancer*, que acaba atendendo alguns clientes de maneira mais frequente. O pagamento do autônomo se dá por Recibo de Profissional Autônomo (RPA), e não por nota fiscal. Isso significa que se torna um pouco mais caro para os contratantes, em razão de que eles não podem abater do total de despesas no imposto e ainda precisam se preocupar com o pagamento do INSS desse profissional.

4.2 O casamento com o sócio

Quando você fecha sociedade com alguém, costumamos dizer que, na realidade, você está casando com o seu sócio. Isso porque você verá e conviverá mais com essa pessoa do que com seus familiares ou parceiros, sendo inevitável acontecer algumas discussões sobre o relacionamento. O importante disso tudo – e aí vem um pouco de experiência acumulada com vários casamentos – é deixar, desde o início, tudo muito claro. Desde

Capítulo 4

remuneração, tarefas que são exclusivas de cada um, o que cada um espera do outro, até estipular reuniões periódicas para colocar "pingos nos is" e acertar o encaminhamento do planejamento feito anteriormente. Também se espera que ambos se comportem profissionalmente, embora seja inevitável que exista espaço para o seu sócio em sua vida pessoal e, com isso, ele pode até se tornar seu amigo. E, muitas vezes, seu sócio é o seu melhor amigo da faculdade. Evitar misturar as bolas é uma ação muito saudável para a sociedade, para a empresa e para vocês dois. Isso porque é muito comum as relações se tornarem tão emocionais a ponto de críticas realizadas a um *layout* já serem levadas para o lado pessoal ou posturas e opiniões serem vistas como afrontas e causarem mágoas.

Construir um relacionamento sólido, de confiança mútua e sinergia[*] contínua é um baita desafio quando prazos estão estourando ou clientes, irritadíssimos, começam a gritar no telefone. O antídoto para esses possíveis problemas é ter maturidade para conduzir as coisas, uma boa dose de racionalidade – nada de ficar achando que o mundo está contra você – e ter ao seu lado, como sócio, alguém que possui um perfil complementar ao seu. Uma parceria é ótima quando um é mais expansivo e o outro é mais metódico, ou quando um é um gênio na criação e o outro é fabuloso no contato com os clientes. Enfim, você precisa encontrar a sua metade da laranja para ter certeza de que boa parte dos seus problemas estarão resolvidos.

---

[*] *Sinergia* é a palavra que traduz o trabalho que acontece de maneira cooperativa e simultânea, em que cada parte da equipe encaixa-se harmoniosamente no trabalho de outra parte, promovendo uma evolução coletiva.

4.3 Cabeceando, batendo no peito e chutando para o gol

O pequeno empresário da comunicação não pode se dar ao luxo de dizer: "Só faço criação" ou "Sou o dono, não preciso ir ao banco pagar contas". Ele precisa estar disposto a entender muito bem de todas as fases do processo de confecção e gestão de uma campanha e procurar fazer de tudo, caso seja necessário. Isso significa visitar um cliente em prospecção pela manhã, almoçar com um fornecedor de brindes e terminar um texto para uma campanha de *marketing* direto à tarde. Além disso, checar se as contas do mês estão todas na planilha e se já foram encaminhadas ao contador ou se precisamos comprar café para o escritório também serão incumbências cotidianas. Assim, abra seus tentáculos de polvo e mãos à obra.

O principal problema que você pode enfrentar é conseguir organizar o processo administrativo com o de encaminhamento de projetos de comunicação. Porque, a menos que tenha alguém que atenda a seus telefonemas no escritório, invariavelmente estará terminando um *layout* de uma embalagem de cereais, e o seu cliente que vende perfumes vai ligar perguntando alguma coisa bem específica. **Dica: organize sua rotina com a disciplina de um general chinês.** Por mais que você precise estar disponível para os seus clientes cada vez que eles tiverem uma ideia, organize-se para reservar horários do seu dia nos quais você se ocupará com os processos criativos. Assim, as duas áreas caminham sem que você se descabele. Uma jornalista que tinha uma pequena agência de comunicação contava que só conseguia fazer os textos mais elaborados depois das 18h. Era o horário nirvana para ela, porque clientes não ligavam, e ela não tinha o que fazer fora dali, pois parceiros, fornecedores, bancos etc. estavam todos fechados. Foi uma saída para ela, cabe a você encontrar a sua.

4.4 Organização do tempo e das demandas

Falando em agregar as duas grandes tarefas do empresário de comunicação – administrar e encaminhar projetos – é importante ressaltarmos a disciplina samurai que você precisa ter para multiplicar seu tempo. Por contar com uma variedade de tarefas diárias, 24 horas quase sempre são muito pouco para o pequeno empresário de comunicação. Há prazos a cumprir e clientes que precisam ser prospectados frequentemente. Por isso, a boa gestão do tempo é crucial para que você consiga dar conta de tudo. Aqui vão algumas dicas do que precisa ser planejado, mas há a ressalva de que o **planejamento sempre é feito para ser alterado, ou, pelo menos, ajustado.** Trace uma rota de agenda semanal e, caso necessite, faça uso do jogo de cintura para adequar as situações. Usar um esquema elencando o que é urgente ou importante pode ser também uma boa ideia para eleger as prioridades do dia. Seguem as dicas:

Estabeleça uma rotina

Não é porque você é um profissional solto na vida e não tem um chefe cobrando sua presença que cada dia precisa ser uma surpresa; criar uma rotina é importante. Isso não quer dizer também que você precise ter esquematizado hora por hora tudo o que for fazer. Mas, se conseguir organizar as coisas de uma maneira em que reserve um horário semanal para mexer nas planilhas financeiras – segunda pela manhã é uma boa ideia, visto que os relacionamentos em geral estão proibidos nesses horários –, outro para praticar um esporte, outros dois dias (uma manhã e uma tarde) para fazer prospecção de novos clientes, um tempo para conhecer novos fornecedores e parceiros, além de ter como nobre o horário em que você é mais produtivo criando, está perfeito. A questão é ter algum tipo de planejamento e não se acostumar com um dia a dia de apagador de incêndios. É bem provável que existam esses dias, mas o risco de que eles sejam a sua rotina é grande nessa área. Por isso, a disciplina samurai é muito indicada para preservar pelo menos parte da sua semana em tarefas cotidianas, que precisam ser feitas.

Faça reuniões periódicas com a equipe

Não é porque a agência possui apenas três colaboradores que se falam religiosamente todos os dias que reuniões não precisam ser feitas. Esses eventos precisam e devem ser realizados periodicamente para que se possa reservar um tempo para olhar para trás, avaliando, e outro para olhar para frente, prospectando. É nessa hora que coisas que não vieram ao caso em determinada situação devem ser discutidas e ter uma resolução. E isso deve ser feito exatamente para que questões mal resolvidas entre a equipe não se transformem em uma bola de neve gigante e exploda na cabeça de alguém da pior maneira possível.

Outra coisa muito útil a fazer nesse momento de reunião é um processo de *coaching*[*]. Todos têm habilidades a desenvolver e, na ausência de um chefe que orientaria essa caminhada, podemos eleger a própria equipe com que trabalhamos como espelho, pois eles podem indicar aquilo que pode melhorar ou aperfeiçoar o processo. Para tanto, é fundamental bom senso, maturidade e estarmos prontos para receber críticas. Não é preciso lembrarmos, também, de que a maior parte das informações obtidas devem ficar restritas aos membros da reunião.

Crie procedimentos

Normalmente, quando todos na empresa sabem realizar todos os passos de confecção de uma campanha de comunicação, é possível que exista um pouco de confusão sobre quem faz o que e a que tempo. Por isso, elencar aquilo que é sua tarefa em cada processo e o que é dos outros pode organizar um pouco o meio de campo e acabar com aquela história: "Não era você que ia fazer isso?". Nesse caso, um destaque precisa ser dado ao *briefing*. Também não é porque vocês são só em três e todo mundo sabe de tudo que o *briefing* pode ser descartado. Há profissionais de empresas de comunicação de pequeno porte que pensam: "Se sou eu mesmo quem vou acompanhar o processo, criar as estratégias e as peças, para que vou fazer *briefing*?". A menos que seja apenas você na sua empresa – o que não se configura no exemplo que estamos discutindo – as outras pessoas precisam saber o que você anda fazendo. Uma das situações previstas é o cliente ligar para querer

---

[*] O *coaching* é uma forma de acompanhamento e treinamento de colaboradores, no qual os pares ou os supervisores contribuem de maneira construtiva para o desenvolvimento de habilidades latentes do profissional.

saber de algo. Receber como resposta que só fulano sabe do andamento do projeto dá uma insegurança enorme ao cliente. Esse é só um exemplo do que a falta de um *briefing* ou de um roteiro mais formal pode ocasionar. Mas o principal motivo de manter *briefings* bem escritos, mesmo em uma agência pequena, são a organização do dia a dia e a economia de tempo. Quando as orientações estão bem claras, a chance de se cometerem erros de direcionamento são bem menores.

4.5 O atendimento/dono é a agência

Outra especificidade da agência pequena é a relação que ela normalmente firma com os seus clientes. Nas pequenas agências, o relacionamento com os clientes tende a ser mais próximo e informal do que o mantido entre as grandes agências e seus clientes. É desse modo que as pequenas conquistam confiança e boa parte de sua fidelização.

Nesse âmbito, o Atendimento representa um papel significativo. É preciso destacar aqui que a figura do Atendimento acaba personificando a agência – é muito comum, por exemplo, você ouvir do cliente: "Vamos lá na empresa da Lúcia acertar isso!". Por isso, a grande maioria das agências pequenas possui o dono ou um sócio à frente dos negócios e, claro, do Atendimento, pois ele faz parte da relação construída com os clientes, definindo o sucesso da agência e incluindo aí boa parte das fidelizações. Assim, **é um risco estratégico grande deixar o atendimento aos clientes nas mãos de quem não tenha parte no** negócio. Em agências pequenas, pessoas contratadas para realizar parte do processo de comunicação nem sempre possuem visão do todo e nem detêm a motivação de assumir todos os riscos. Nesse caso, o Atendimento é a função-chave para fidelizar e prospectar clientes. No resumo da ópera, se precisar contratar pessoas que não são acionistas, que não estão comprometidas profundamente com a evolução da agência, contrate para áreas que não sejam de relacionamento direto com o cliente. Cuide pessoalmente do seu patrimônio mais valioso: seu cliente. Isso serve também para sociedades nas quais um sócio é o Atendimento e o outro é a Criação. No caso de uma futura separação societária, é bem provável que a carteira de clientes fique na sua totalidade com o sócio ligado ao Atendimento. Se o sócio quiser deixar os clientes com o sócio-Criação ou para outra pessoa, o ideal é se utilizar um tempo de adaptação para que os dois profissionais atendam conjuntamente aos clientes, cuidando-se para que a confiança no trabalho não fique abalada.

4.6 Conscientização do cliente sobre a importância do processo de comunicação

Um desafio muito comum enfrentado pelas agências pequenas é a conscientização dos clientes a respeito da importância do processo comunicativo, de maneira a fazer com que ajam de modo profissional em relação a esse procedimento. Normalmente, as agências pequenas atendem a empresas médias e pequenas, sendo que, nestas últimas, na maioria dos casos, impera um certo desconhecimento dos processos de comunicação e de como a área funciona. Esse processo é muito diferente de agências grandes que atendem a grandes anunciantes, que já têm clara a importância de um bom planejamento de comunicação que preveja ações a curto, médio e longo prazos. Algumas organizações veem a comunicação como o tal bombeiro. Chamam sua agência pequena para resolver problemas pontuais, como aumentar as vendas que estão baixas no momento ou esclarecer pontos sobre um serviço específico e, em um planejamento contínuo, somente visualizam despesas.

As agências pequenas ainda têm como missão conscientizar os clientes a respeito da importância de determinados procedimentos profissionais em comunicação, como construir o *briefing* ou fazer o estudo de mercado. Trabalham como se fossem verdadeiros consultores, aconselhando e indicando as saídas mais prováveis com verbas nem sempre interessantes. Aliás, prever verba no orçamento anual é praticamente um conto de fadas. O cliente da agência pequena – normalmente pequeno também – quer saber o preço de tudo antes de saber se vai querer investir em determinado aspecto do negócio. E a frase "puxa, mas isso está bem caro para ser um anúncio só..." vai ser ouvida várias vezes. Só com a explicação detalhada sobre os benefícios que envolvem aquela escolha é que se pode ultrapassar essa objeção.

Cliente pequeno também tem a expectativa de que o mínimo de realização de qualquer tipo de estratégia de comunicação se transforme em milhares de ligações telefônicas de clientes ávidos por comprar o seu produto. Esclarecer quais são os possíveis resultados de cada campanha antes de ela ser realizada pode ajudar a manter essa expectativa em patamares reais.

Uma última consideração em relação à conscientização dos clientes é que as agências pequenas enfrentam o mesmo problema de personificação do cliente no seu negócio. Além de administrar egos inflados – porque a comunicação possui a mágica de fazer tudo aparecer aos olhos de milhares de pessoas –, o pequeno publicitário precisa explicar ao cliente que ele não é o melhor apresentador para o comercial da televisão, que existe gente especializada em fazer isso e que o negócio não é ele, ou melhor, ele não é o negócio. Esse tipo de cliente tende a espelhar nas campanhas de comunicação seus gostos pessoais na hora de aprovar as peças e compará-las ao que a concorrência produz, pedindo, às vezes, algo parecido com o que já foi feito ou que devolva na mesma moeda/estratégia. Esse é outro desafio a ser administrado com profissionalismo e seriedade.

4.7 Confecção de orçamentos em uma agência pequena

Colocar preço nos serviços ofertados é uma das maiores dificuldades de uma pequena agência. Primeiro, por atender a clientes pequenos, que não dispõem de grandes verbas, pois não há como se cobrar pela tabela do sindicato. Segundo, o próprio valor do trabalho. Agências pequenas normalmente são montadas por quem acabou de sair da faculdade ou está em começo de carreira. A autoestima, nesses casos, passa pelo teste de aprovação da sociedade, e demora um tempo para que o publicitário enxergue que é um profissional de peso, que pode, sim, realizar trabalhos interessantes e precisa cobrar o justo por eles.

Uma outra situação que acaba por complicar o processo de realização de orçamentos é o leilão que muitos clientes fazem. Há clientes que pedem uma listinha de serviços e querem saber o preço de cada um como se estivessem em uma prateleira de supermercado, escolhendo entre fazer um fôlder ou anunciar em um *outdoor*. O lado consultor do profissional deve aparecer nesse momento, de maneira a explicar ao cliente que estratégias são conjuntos de ações e não pequenos pacotes comunicativos que podem ser comprados no atacado ou no varejo. A intenção do cliente nessas situações é, quase sempre, decidir entre uma agência e outra pelo preço. E aí você precisa pensar se vale a pena ser avaliado por números somente.

Na hora de realizar o orçamento, há algumas dicas que podem balizar um pouco seus cálculos. A primeira é ter em mente seu ponto de equilíbrio nas despesas com esse projeto em específico. É necessário estimarmos o quanto será gasto: porcentagens de conta de luz, água, materiais em geral, além do salário do estagiário e da sua remuneração. Um dos cálculos que pode ser feito é:

- dividir todo seu custo mensal, que são os valores referentes à estrutura e pessoal, pelas horas de trabalho – assim, você terá seu valor de custo por hora de trabalho;
- somar o seu lucro estimado; normalmente, o lucro médio de uma agência é de 30%;

- estimar o tempo total necessário para a realização do projeto e multiplicar esse valor pelo preço-hora, de maneira a obter o preço final;
- verificar os valores cobrados no mercado, de acordo com a tabela do sindicato do seu Estado e da ADG* para traçar um paralelo e ver se seus valores aproximam-se dos praticados pelo mercado; caso estejam inadequados, tente reformulá-los;
- montar, com base nesses cálculos, sua tabela de preços de referência. Mas nunca a divulgue para cliente algum. Ela serve de base para você construir seus orçamentos futuros, e deve ser atualizada sempre que seus custos variarem;
- levar em conta o nível de dedicação que deverá despender em cada trabalho. Há clientes que já são conhecidos há tempos e reconhecidos no mercado. Elaborar uma estratégica específica para esse cliente é mais fácil do que para um cliente que acabou de ficar conhecido. Ainda que a estratégia seja a mesma, o tempo que você leva para estudar de maneira aprofundada as motivações e todos os dados do cliente é maior do que um que já está sendo atendido.

Há ainda uma última dica sobre orçamentos: há profissionais que costumam cobrar por hora. Deve-se tomar cuidado com esse tipo de cobrança a clientes que não avaliam ainda a importância do trabalho profissional. Explica-se: se o profissional é conhecido, possui já credibilidade, seu preço por hora não é questionado, nem o tempo que ele leva para concluir cada trabalho. Agora, se a questão é simplesmente

---

* ADG: Associação dos Designers Gráficos.

avaliar criações por hora, há uma armadilha preparada contra o profissional: **quem for mais rápido é menos pago. Por isso, desaconselha-se a cobrança por hora.** Identifique em seus orçamentos os serviços a serem prestados e formule um preço global, observando as sugestões de cálculo já apresentadas. Na hora de negociar com o seu cliente, mencione os benefícios do trabalho e a sua qualificação, mas não aborde o quanto é complicado ou demorado criar cada estratégia. Assim você evita o leilão de preços que normalmente acontece.

4.8 As pequenas se especializam

Entre o rol das pequenas empresas, é inevitável a especialização em alguma das áreas/estratégias da comunicação. Até porque, se a empresa tem condições de fazer desde o planejamento estratégico até a produção de RTV, ela já possui estrutura para ser considerada empresa média. Assim, é possível encontrarmos nas pequenas:

- Os *bureaus* de criação, que se especializam em promover a criação de peças de campanhas a partir da encomenda de outras agências, grandes ou pequenas, e de seus próprios clientes que já possuem contato direto de mídia.
- Os *bureaus* de mídia, focados em traçar planos de mídia para agências, outras empresas e clientes diretos. Normalmente, contratam *bureaus* de criação quando o cliente não dispõe de um.

> Capítulo 4

- As produtoras, em geral, nas quais há, ainda, empresas especializadas em produção de áudio e vídeo. Podem ter estrutura para a criação e a gravação de *spots* e programas de rádio para a produção de comerciais de TV, desde equipe de direção, roteiro e produção, até os equipamentos necessários. Há também trabalhos que são realizados com os equipamentos de uma produtora, equipe de outra e direção ou roteiro da agência contratante.
- As assessorias de imprensa, as quais podem ser bem úteis, pois há campanhas em que a assessoria de imprensa é ponto primordial para a estratégia de divulgação.
- O *promoter*, as promoções, as degustações, a distribuição de brindes e a organização de eventos em geral, realizados com o apoio de empresas especializadas nesses assuntos.

Uma observação necessária é indicarmos a parceria que normalmente existe entre as empresas pequenas. Se por um lado as grandes agências dificilmente trabalham em conjunto (a não ser agências de publicidade e de *marketing* direto), por outro, o dia a dia das pequenas é pontuado pela parceria. O repasse de trabalhos ou a intercontratação é bem comum.

Uma última abordagem que define o *modus operandi* das agências pequenas é a **multidisciplinaridade**. Longe de serem especialistas exclusivos, os profissionais que trabalham em pequenas empresas precisam ser **multidisciplinares** e um pouco **generalistas**: entender todo o processo de comunicação para realizar parte dele e contratar outros parceiros para fazer os outros passos ou mesmo para atender, brifar, planejar, criar e acompanhar a produção de confecção das peças, além de manter uma atenção focada nos processos de gestão empresarial. Isto é, correr para a área, cabecear e chutar para o gol.

Estudo de caso

Visite uma associação de classe em sua cidade e veja se há dados a respeito do número de agências pequenas que existem. Descubra quantas são especializadas e quantas promovem todo o processo de comunicação. Discuta com colegas da área suas reflexões.

Para saber mais

Para se aprofundar a respeito dos principais desafios dos pequenos empresários, sugerimos os seguintes *sites*:

BOLETIM DO EMPREENDEDOR. Disponível em: <http://www.boletimdoempreendedor.com.br>. Acesso em: 6 jun. 2011.

Sebrae-PR – Serviço Brasileiro de Apoio a Micro e Pequena Empresa. **Publicidade e propaganda**. Disponível em: <http://www.sebraepr.com.br/portal/page/portal/PORTAL_INTERNET/PRINCIPAL2009/BUSCA_TEXTO2009?codigo=968>. Acesso em: 6 jun. 2011.

Síntese

Neste capítulo, analisamos o que acontece dentro de uma agência pequena, quais são os principais desafios de um pequeno empresário (organização do tempo, das tarefas, atendimento ao cliente) e os principais conselhos para não nos perdermos no meio das obrigações cotidianas.

Questões para revisão

1) Quais são os principais cuidados que devem ser tomados por um empresário de pequeno porte na área da comunicação em relação à organização interna da agência?

2) Como se dá a relação de uma agência pequena com o cliente? O que a difere das grandes agências?

3) Há alguns cuidados que um publicitário precisa tomar na hora de pensar em montar sua agência de pequeno porte. São eles, **exceto**:
   a) seu perfil e competência em uma área da comunicação.
   b) sua vocação para a instabilidade financeira.
   c) cercar-se de fornecedores e parceiros competentes.
   d) verificar o número de agências pequenas que existem.

4) A organização de uma agência pequena exige:
   a) processos profissionais de transmissão de informação, com o *briefing*.
   b) boa estrutura física.
   c) dois sócios.
   d) pelo menos um estagiário.

5) *Bureaus* de criação, de mídia ou produtoras são:
   a) organizações especializadas em confeccionar campanhas completas.
   b) empresas de suporte a campanhas.
   c) agências que se especializam em determinada fase da campanha de comunicação.
   d) agências pequenas.

6) Um orçamento ideal tem em seu cálculo:
   a) os custos fixos, o lucro e a adequação aos valores praticados pelo mercado.
   b) os seus valores similares com os do sindicato.
   c) somente a média do mercado.
   d) um cálculo específico, levando em conta o cliente que está sendo atendido.

7) De que depende prioritariamente a fidelização de clientes a agências pequenas?
   a) Das peças sugeridas a cada campanha.
   b) Da relação mantida entre o Atendimento e o cliente.
   c) Da localidade onde a agência se estabeleceu.
   d) Das informações trocadas com o cliente e sua equipe.

capítulo 5
Posicionamento no mercado

Conteúdos do capítulo:
- O papel da agência em sua inserção na sociedade;
- A divulgação da agência publicitária;
- A ética na relação entre as outras agências;
- As informações a respeito do Código de Ética e das associações de classe.

Após o estudo deste capítulo, você será capaz de:
- avaliar o papel da sua empresa;
- decidir a respeito dos procedimentos e das relações com outras agências-irmãs;
- definir posicionamentos em relação a determinados tipos de campanhas e conceitos que devem ser buscados a partir da ética da área.

Capítulo 5

Um comentário que merece ser destacado a respeito da organização de uma agência diz respeito ao seu **posicionamento no mercado** e na **sociedade**. Vale ressaltarmos que uma agência de publicidade desempenha um importante papel social, pois diversas pessoas e organizações dependem da sua estrutura e do seu trabalho. Clientes, fornecedores e parceiros formam o universo de pessoas atingidas por ela. Além de todo o profissionalismo no âmbito técnico, das estratégias pensadas e da qualidade nos serviços ofertados, precisamos pensar na agência como um organismo social que influencia e é influenciado pela convivência com outras organizações.

Desde a sua fundação, a agência de publicidade passa a fazer uso de uma identidade que, em alguns casos, confunde-se com a dos seus sócios e, em outros, passa a ter vida própria, independente de quem a gerencie. Das suas campanhas, da maneira de trabalho da equipe e do seu posicionamento como organização saem sinais da sua personalidade. Cuidar da sua imagem da mesma maneira como se cuida da imagem dos clientes é obrigação que qualquer publicitário. Afinal, o exemplo tem que ser dado.

5.1 Casa de ferreiro, espeto de pau? A divulgação da agência

Para quem está acostumado a pensar e a repensar estratégias para os mais diversos problemas de comunicação e resolver com sucesso dezenas de necessidades de divulgação para seus clientes, olhar para o próprio umbigo às vezes é complicado. Nem sempre há o distanciamento necessário para enxergarmos o mercado com clareza e posicionarmos a agência como uma empresa que precisa de clientes e que fornece serviços de qualidade.

Por vezes, pode parecer que se está ensinando o padre a rezar a missa, mas é comum agências de comunicação pensarem antes nas necessidades dos seus clientes, com seus prazos exíguos, e deixarem para depois os seus meios de divulgação, como *site*, fôlder etc. É importante lembrarmos que esses meios são o cartão de visita da agência e que mostrarmos por meio desses elementos o que a empresa é capaz de fazer de modo criativo é uma boa estratégia. Há agências que criam maneiras realmente inovadoras de se apresentar, produzindo desde materiais que se utilizam de tecnologias avançadas até um cartão de visita, CD-Rom ou mesmo de fôlderes ou portfólios tridimensionais. Há, ainda, competentes agências que se apresentam de maneira mais tradicional, com o cartão de visita impresso, preocupadas mais em mostrar que seu foco é trazer resultados para o cliente. Não importa a maneira de divulgação, mas, sim, divulgar. Nessa tarefa, devemos pensar em:

- sermos coerente com a identidade/personalidade da agência;
- mantermos portfólio e notícias/dados do *site* atualizados;
- enviarmos notícias com certa periodicidade para os clientes sobre os projetos em que se envolvem;
- termos parceria com uma assessoria de imprensa que trabalhe sua imagem em veículos especializados e de massa.

Há ainda as participações em prêmios e em eventos da área que podem dar visibilidade aos projetos desenvolvidos e contribuir para a divulgação da agência. Por fim, desenvolver suas próprias campanhas para prospecção de clientes fazendo uso dos veículos de comunicação e de estratégias de *marketing* direto também é indicado.

5.2 Relação com as outras agências

O mercado publicitário é considerado por muitos empresários um dos mais agressivos. Como mobiliza grandes verbas e está sempre muito exposto – afinal, os trabalhos das agências são avaliados todos os dias a partir dos meios de divulgação por clientes e concorrentes –, a pressão a que estamos sujeitos constantemente é grande. Além disso, a interlocução entre concorrentes acaba sendo muito comum quando se subcontrata os mesmos fornecedores ou os próprios serviços de parceiros. Por isso, um comportamento ético por parte dos gestores que seja disseminado por toda a equipe da agência é a única maneira de se garantir certo grau de profissionalismo. Mas prestar a atenção no mercado, guardar sigilo dos dados dos clientes e das próprias campanhas são alguns cuidados comuns que podem nos proteger de concorrentes que usem de má-fé. O estatuto da Associação Brasileira das Agências de Publicidade (Abap) ainda ressalta alguns comportamentos que devem ser condenados em relação às outras agências (Sant'Anna, 2002), entre eles:

- aliciar empregados de outras agências, com o intuito de criar dificuldade na confecção de serviços;
- reproduzir sem autorização, mesmo que veladamente, criações publicitárias de autoria ou propriedade de terceiros;
- difamar ou depreciar méritos técnicos dos concorrentes;
- estabelecer concessões que incorram em concorrência desleal ou antieconômica;
- assumir o pagamento de funcionários dos clientes;
- conceder vantagens de qualquer natureza a pessoas relacionadas direta ou indiretamente com o cliente.

5.3 Código de Ética

O Código de Ética[*] foi firmado por diversas organizações associativas que reuniam agências de publicidade, em 1957, e, mesmo com algumas leis tendo sido alteradas, permanece atualizado para servir de orientação ao comportamento dos profissionais

---

[*] Para obter mais informações a respeito das proposições contidas no Código de Ética, consultar o *site*: <www.conar.org.br>.

de propaganda. Mais do que um conjunto de normas, o Código serve como base para o comportamento a ser esperado dos publicitários e das agências. O mercado, às vezes, exige (ou propõe) comportamentos não tão louváveis, e é importante que o profissional de comunicação não perca de vista seu papel como ser de transformação naquilo que faz. Em sociedades nas quais o único objetivo é obter lucro, a ética é deixada de lado. Cabe a todos os que integram o mercado a responsabilidade de resgatar e tornar presentes os comportamentos que podem estimular uma competição sadia e a evolução do conjunto da categoria.

5.4 O papel social da agência de publicidade

Toda organização que recolhe impostos e emprega outras pessoas exerce uma função social, interferindo na vida de outros indivíduos e das nações em maior ou menor grau. As agências de publicidade possuem uma responsabilidade ainda maior, porque seu trabalho atinge milhões de pessoas, muitas vezes simultaneamente. Por isso, os conteúdos dos comerciais e das peças, em geral, precisam ser muito bem pensados. Nos últimos anos, o Conselho Nacional de Autorregulamentação Publicitária (Conar) foi mediador de dezenas de situações entre anunciantes, organizações civis e agências em que se discutiam os conteúdos de campanhas publicitárias. Não podemos pensar que o que se faz dentro da agência é inofensivo. Uma campanha mal planejada pode chocar grupos de pessoas, depreciar minorias, emitir juízo de valor preconceituoso, além de formar opinião de consumidores ou interferir nesse processo. Entre as regras áureas está a de não prometermos o que não podemos cumprir, a popular propaganda enganosa. Mas, além disso, há nuances mais subjetivas que precisam ser percebidas nos âmbitos culturais e sociais na hora de se criar estratégias de divulgação para seus clientes. Mantermo-nos informados a respeito dos movimentos sociais e de classes, além do trabalho de pequenos grupos temáticos, é uma boa saída para não cometermos gafes. Soma-se a isso a leitura frequente de jornais, revistas e notícias na *web*, que pode ser muito útil tanto na criação de materiais ligados aos acontecimentos quanto no cuidado com a utilização de informações ou referências a determinados grupos sociais.

5.5 Participação em clubes e associações

Como toda categoria profissional, os publicitários e as agências de publicidade possuem um sindicato que os representa. Eles estão presentes na maioria dos estados brasileiros e organizam as demandas coletivas das agências de publicidade em relação a fornecedores, veículos e anunciantes, sempre que assuntos do interesse da classe sejam discutidos. Um dos objetivos é colaborar com os poderes públicos e outras entidades, a fim de encontrar soluções para problemas estruturais e conjunturais que se relacionem com as agências de publicidade em geral.

Entre as principais entidades representativas, incluem-se, além dos sindicatos, os conselhos e as associações. Em instância menos formal, há ainda clubes e grupos que reúnem os profissionais de publicidade segundo seus interesses – criação, atendimento, mídia ou planejamento. A seguir, apresentaremos uma breve descrição das principais entidades que apoiam o setor de publicidade no Brasil.

- **Federação Nacional das Agências de Propaganda (Fenapro):** essa entidade reúne todos os sindicatos dos estados brasileiros e as agências dos estados que não possuem sindicato para se posicionarem frente ao Governo Federal, defendendo as demandas da categoria (Fenapro, 2011).
- **Conselho Nacional de Autorregulamentação Publicitária (Conar):** reúne, entre seus associados, agências de publicidade, veículos e anunciantes. Sua missão é atender e julgar denúncias de seus próprios associados, consumidores e autoridades sobre o conteúdo de comerciais e propagandas em geral, com base no Código de Autorregulamentação Publicitária. Depois de julgada pelo seu conselho de ética, se a denúncia tiver procedência, o Conar pode sugerir correções à propaganda ou recomendar aos veículos de comunicação a suspensão da exibição da peça. Pode, também, advertir anunciante e agência (Conar, 2011).
- **Conselho Executivo das Normas-Padrão (Cenp):** é uma entidade criada pelo mercado publicitário para fazer cumprir as normas-padrão da atividade publicitária. Esse documento básico define as condutas e as regras das melhores práticas éticas e comerciais entre os principais agentes da publicidade brasileira.

- **Associação Brasileira de Propaganda (ABP)**: é a mais antiga entidade da categoria no Brasil, fundada em 1937. Entre seus objetivos estão o desenvolvimento da área e a defesa dos interesses desses profissionais. É tida como a mais tradicional entidade brasileira de classe. Seus associados são profissionais de agências, veículos, anunciantes e de todos os setores que compõem o *trade* da comunicação (ABP, 2011).
- **Associação Brasileira de Agências de Publicidade (Abap)**: fundada em 1949, representa os interesses das agências de publicidade associadas à indústria da comunicação, aos poderes constituídos, ao mercado e à sociedade. A partir das discussões firmadas na Abap, nasceram a Lei nº 4.680/1965, que regulamentou a atividade publicitária e a profissão de publicitário, e o Código de Ética dos Profissionais de Propaganda. Esteve atuante ainda na fundação do Cenp (Abap, 2011).
- **Clube de criação**: os clubes de criação são organizações sem fins lucrativos que estimulam a troca de informações e realizam eventos que visam valorizar a área da criação. Para isso, foi criado o Anuário de Criação, que reúne os anúncios e as campanhas eleitos como mais criativos do ano. Periodicamente também são promovidas discussões, palestras e *workshops* (Clube de criação, 2007).
- **Grupo de Mídia**: criado por profissionais de mídia, em São Paulo, para valorizar e discutir os desafios da área.

Capítulo 5

Ocorre também a promoção de encontros, palestras e debates (GM, 2011).

- **Grupo de Atendimento e Planejamento do Rio de Janeiro (GAP):** foi fundado por profissionais do Rio de Janeiro, das mais diversas agências, com o objetivo de promover a reunião desses associados e investir na troca de informações e na contínua capacitação (GAP, 2011).

Estudo de caso

Visite o sindicato do seu estado ou entre em contato com alguma das organizações citadas. Pesquise quais são as atividades desenvolvidas e quais as razões que levaram à fundação da organização.

Para saber mais

Para se aprofundar a respeito das questões éticas e legais que envolvem os profissionais que trabalham em agências de propaganda, sugerimos a leitura do artigo *As questões éticas da propaganda: um estudo com profissionais de agências de propaganda*, de Cecília Caraver Prado Telles.

> TELLES, C. C. P. **As questões éticas da propaganda:** um estudo com profissionais de agências de propaganda. Disponível em: <http://www.dominiopublico.gov.br/pesquisa/DetalheObraForm.do?select_action=&co_obra=150986>. Acesso em: 7 jun. 2011.

Síntese

Neste capítulo, estudamos as questões que envolvem o posicionamento da agência de publicidade na sociedade e as relações que esta mantém com concorrentes, clientes e comunidade. Tratamos também de algumas associações e sociedades em que a agência pode se filiar e buscar informações e de como ela deve trabalhar em relação a sua própria divulgação e comportamento ético.

Questões para revisão

1) Cite exemplos do que seria o papel social de uma agência de publicidade.

2) Explique para que serve o Código de Ética da área de publicidade.

3) O trecho do Código de Ética que diz: "O profissional da propaganda, para atingir aqueles fins, jamais induzirá o povo ao erro; jamais lançará mão da inverdade; jamais disseminará a desonestidade e o vício", na prática, significa que o profissional de propaganda:
   a) não pode prometer algo que não exista ou não seja cumprido no produto ou no serviço.
   b) deverá sempre evidenciar todos os defeitos que o produto tenha.

Capítulo 5

c) não deve fumar ou desenvolver outros vícios.

d) precisa ensinar o povo a consumir com responsabilidade.

4) No Código de Ética, qual é o sentido do trecho: "É proscrita por desleal a prestação de serviços profissionais gratuitos ou por preços inferiores aos da concorrência, a qualquer título, excetuados, naturalmente, os casos em que o beneficiário seja entidade incapaz de remunerá-los e cujos fins sejam de inegável proveito social coletivo."?

a) Não se pode fazer serviço algum de graça.

b) É concorrência leal quando não se cobra pelo serviço realizado a um cliente que pode pagar.

c) Devem-se praticar preços de mercado nos serviços prestados, a não ser quando a entidade (cliente) não tem possibilidades de pagar – caso de filantropia.

d) É bom sempre fazer o orçamento com preços altos para não prejudicar a concorrência leal.

5) O que é plágio?

a) Quando é usada uma ideia de outro colega como inspiração.

b) A cópia de textos, imagens ou peças de autoria de outros sem autorização prévia.

c) Quando a peça publicitária faz uso das mesmas tonalidades de cor de outra peça anteriormente produzida.

d) Quando um *jingle* de rádio usa as letras de uma música bem conhecida.

6) O Código de Ética, tornou-se:
   a) sem proveito para as novas agências.
   b) um documento que conta a história da publicidade.
   c) um grupo de leis rígidas que precisam ser seguidas sem questionar.
   d) um conjunto de normas e a base para o comportamento dos publicitários.

7) Por que a agência de publicidade possui um papel social?
   a) Porque a grande maioria faz doações a organizações mais necessitadas.
   b) Porque ela é um organismo social.
   c) Porque suas atividades influenciam a dinâmica social.
   d) Porque na atualidade todo mundo precisa pensar em responsabilidade social.

parte II
A campanha publicitária

capítulo 6
Coleta de informações para a campanha: a pesquisa

Conteúdos do capítulo:
- Técnicas de pesquisa para coletar informações importantes;
- Criação de uma campanha publicitária a partir de diversos estudos;
- Diferença entre pesquisa primária e secundária;
- Instruções de como fazer um questionário adequado.

Após o estudo deste capítulo, você será capaz de:
- escolher e planejar o melhor método de pesquisa para cada situação;
- coletar, a partir de pesquisa mais adequada, as principais informações para planejar uma campanha publicitária.

Capítulo 6

Por mais que se acredite e, muitas vezes, estimule-se a visão de que as duplas de Criação de uma agência são verdadeiros deuses que enxergam através das paredes, uma campanha de publicidade normalmente nasce a partir de informações bem palpáveis a respeito do cliente, do produto, do público, do mercado, das ideias de outras campanhas, enfim, sobre tudo o que veio antes ou que já existia. Definitivamente, uma campanha publicitária não se cria do nada. O Planejamento possui grande responsabilidade quando coleta as informações e traça a linha de atuação a ser seguida. Para isso e para todas as outras dúvidas que surgirem no meio do caminho e que precisem de mais informações, **a pesquisa é fundamental**. É preciso saber onde se está pisando e quais calos alheios podem doer. E nada melhor do que saber fazer pesquisas nesses momentos.

    É importante entendermos que nem sempre precisamos promover grandes pesquisas de mercado para obtermos as informações necessárias para se montar um *briefing* interessante ou planejar uma campanha bem estruturada. Por isso, neste capítulo, serão focadas algumas ferramentas interessantes que podem ser úteis, caso seja necessário buscar informações preliminares para montar a campanha.

Tudo deve começar a partir da sua necessidade: De que tipo de informações você precisa para elaborar um *briefing* ou um plano completo? Com qual embasamento você tomaria as suas decisões sobre mídia, procedimentos, estabelecimento de marca, argumento a desenvolver ou mesmo direcionamentos de sugestões de formas de comunicação? Em uma campanha, são dezenas de decisões que precisam ser tomadas e que, quase sempre, envolvem grandes cifras. Errar em uma situação dessas pode sair muito caro tanto para o cliente quanto para o profissional de comunicação.

Cabe aqui abrirmos parênteses: mesmo sabendo da importância de fazermos uma sondagem no mercado, aqui, no Brasil, vemos muita dificuldade em pesquisar e planejar ações. É muito comum observarmos as empresas abrirem as suas portas sem uma boa pesquisa de mercado para analisar a viabilidade e os riscos ou criando campanhas de divulgação com base no achismo. Iniciar um negócio sem dar uma olhada exploratória no mercado é brincar de camicase. Como vimos anteriormente, não é à toa que o Brasil coleciona uma das taxas mais altas de empresas que fecham as portas antes de completar cinco anos de vida. Se a prática da pesquisa de mercado estivesse no DNA dos empreendedores, com certeza essa porcentagem diminuiria drasticamente.

Capítulo 6

Trabalhar com comunicação exige muito *feeling*, muita percepção intuitiva. Precisamos perceber o movimento do público e do mercado, entender como ele está caminhando e, para isso, estar munidos de informações de todo tipo é fundamental. Martins (1999) ressalta o risco que se corre ao pensar que se sabe tudo sobre seu próprio mercado. Para o autor, anunciantes que deixam suas percepções individuais sedimentarem-se como convicções acabam não enxergando o movimento do mercado, e cedo ou tarde afogarão o seu negócio numa onda maior. Para enfatizar essa ideia, Martins (1999, p. 91) ainda questiona: Se essas percepções pudessem ser realmente a única fonte de informação na hora de se planejar uma estratégia de comunicação, por que grandes empresas como a Coca-Cola continuam ainda fazendo pesquisas apesar da grande experiência acumulada?

O que se quer aqui com esse interlúdio é convencê-lo de que a experiência profissional e/ou o ciclo de amizades que você possui podem ser boas fontes de informação na hora de criar uma campanha publicitária, mas não devem ser as únicas. É comum as pessoas se pautarem por seus próprios gostos para definir atitudes que abarcarão um mercado vasto, mas isso é o maior erro que se pode cometer em comunicação. Você trabalha para atingir/sensibilizar/estimular outras pessoas, seu público-alvo; contudo, nem sempre elas são iguais a você ou possuem a mesma maneira de decidir sua compra. É no consumidor que você deve espelhar suas ações, mesmo que não concorde ou não goste muito do que solicitam ou o que requerem. Afinal, seu objetivo é satisfazê-lo, não é? Assim, o ponto fundamental gira em torno da profissionalização da busca de informações.

6.1 A reunião de informações

Agências de publicidade e mesmo as *houses* costumam focar os esforços no sentido de reunir dados adicionais que facultem o desenvolvimento de um sistema de informações confiável para direcionar ações a respeito do trabalho a ser realizado para um determinado cliente ou quando se quer atingir determinada meta. Algumas decisões que acabam sendo tomadas a partir de pesquisas estão relacionadas com:

O produto/serviço:

- desenvolvimento e teste de conceitos;
- testes de marcas;
- testes de produtos existentes;
- estudos de embalagens;
- estudos dos concorrentes;
- posicionamento do produto.

Os preços:

- margem de preços possível;
- análises de preços da concorrência.

A demanda:

- abrangência de mercado;
- potencial de vendas.

A comunicação (o que mais interessa):

- pesquisas de motivação e sobre eficácia da propaganda;

- pesquisas de audiência dos veículos de comunicação utilizados;
- estudos de imagem;
- preferências por marca, produto, serviço;
- atitudes como estratégias de comunicação, estudos de prêmios, cupons, distribuição de amostras, degustação, eventos, patrocínios, incentivos esportivos etc.

Enfim, são muitas as decisões que dependem de uma boa pesquisa. Na verdade, a pesquisa deve ser vista como essencial sempre que pensarmos em planejamento de campanha, pois, por meio dela, contruímos a base para que os argumentos sejam criados ou o rumo da campanha seja traçado.

Muitas vezes, o cliente ou a própria agência já conta com dados e informações confiáveis a respeito de seu produto/serviço, de sua comunicação, tornando possível o traçado de cenários do mercado. Em outras situações, não há dados nem informações organizados ou, caso estejam organizados, encontram-se desatualizados. Em algumas situações, você será obrigado pelas circunstâncias a buscar dados e informações. É o caso de pesquisas direcionadas ao lançamento de produtos ou à reação dos consumidores diante de determinados estímulos de comunicação, a respeito dos quais não se têm informações.

6.2 Pesquisa de mercado

Pesquisa é a coleta de dados e/ou informações com o intuito de solucionar um determinado problema. Aqui, o conceito de *problema* está relacionado a questões, a dúvidas para as quais não se tem respostas imediatas ou estão incompletas, ou, ainda, encontram-se desatualizadas.

De uma forma muito objetiva, normalmente os problemas são **perguntas**. Podem ser formulados milhares de questionamentos, porém, devemos ter uma ideia bem clara de qual deles será o foco de nossa busca, isto é, qual deles justifica uma pesquisa ou um estudo de mercado.

Podemos observar alguns exemplos de perguntas que podem sugerir pesquisas de mercado:

- Quem são os consumidores potenciais do produto ou do serviço de determinada empresa?
- Quais são os atributos que os clientes consideram fundamentais no serviço que será oferecido? Por quê?
- Qual é o perfil da clientela? Desse grupo, quem é mais assíduo?
- As crianças representam um segmento importante para a instituição?
- Houve mudança nas expectativas dos clientes? Por quê?
- Qual é a razão de a organização perder 10% de mercado?
- Quais são os sabores preferidos dos consumidores?
- O que acontecerá caso ocorra uma mudança radical em sua marca?
- Qual a reação do seu público diante de uma campanha com determinado argumento?
- Quem são os principais concorrentes e como são suas comunicações?

Capítulo 6

Muitas vezes, nas primeiras discussões a respeito dos problemas levantados, surgem resultados de pesquisas já realizadas sobre o assunto em foco ou outros temas correlatos. Esses elementos podem ser úteis como referência, base de discussão ou forma de ampliar a visão sobre as soluções que devem ser desenhadas. Elas são importantes para termos um apoio sobre o qual possamos dar os primeiros passos. Mas, quase sempre, todas as referências disponíveis constituem dados.

6.3 Dados e informações

Dados são perecíveis, ou seja, em um determinado espaço de tempo deixam de ser relevantes para a geração de informações que orientem decisões.

Dado e informação fazem parte do contexto de pesquisa. **Dado** é uma unidade de referência qualquer, sobre um fato, assunto ou pessoa. **Informação** é um conjunto de dados reunidos sobre fatos, assuntos ou públicos, diante de um determinado contexto ou com objetivos específicos.

Para um determinado problema de pesquisa, podemos ter soluções imediatas, sendo que o nível de erro para a solução é mínimo. Se não são conhecidas as soluções ou se elas mudam em função do comportamento das pessoas, é preciso recorrer à coleta de dados para gerar uma unidade de informação consistente, reduzindo as margens de erro. Essa é a diferença entre o que se acha e o que se sabe. É importante entendermos que "**achar**" não resolve problemas. Para solucioná-las, você deve **saber** e **conhecer**.

141

Um exemplo para clarear essas ideias: ter uma noção sobre quantos homens de negócios desembarcam todos os dias, por uma companhia aérea, no aeroporto da cidade, pode nos dar uma noção do quanto um hotel direcionado para esse público pode dar frutos e ter sucesso, e de como a campanha pode ser construída. Mas só quando for determinado ao certo quantos desses indivíduos pernoitam na cidade, por quanto tempo permanecem na região e quantos são ao todo, em todas as companhias aéreas, é que se pode reunir dados suficientes para traçarmos um contexto informacional que poderá servir de base para o enfoque a ser dado ao planejamento, além de ajudar na escolha das mídias mais adequadas a serem utilizadas. A constatação de que 70% dos clientes de uma companhia aérea são homens de negócios é um dado. Somando-o a outros, podemos chegar à conclusão de que a cidade recebe um número significativo de homens de negócios por semana, e que 50% deles ficam até dois dias e voltam com frequência. Isso cria uma base mais confiável para planejarmos as ações que divulgam o hotel.

6.4 *Feeling*

Há inúmeras formas de buscar dados para começarmos a visualizar a solução do nosso problema de pesquisa. Apesar de todo avanço tecnológico, de todas as ferramentas disponibilizadas para estudos de mercado e da melhoria das condições de informação de publicitários, empresários e colaboradores das organizações, o número de pesquisas feitas ainda é reduzido no Brasil.

Capítulo 6

Como vimos anteriormente, uma boa parcela de empresários e profissionais de comunicação acredita na possibilidade de construir soluções a partir do *feeling*, ou seja, da percepção, da sensibilidade, do faro ou do tato. Em algumas situações, é bom respeitá-lo. Isso quer dizer que há momentos em que o *feeling* pode ser importante. Algumas pessoas trabalham durante 20 ou 30 anos em determinadas áreas. Estudam muito, adquirem experiência e desenvolvem inúmeras campanhas. Tornam-se especialistas respeitados. Normalmente, essas pessoas possuem um *feeling* que deve ser levado em conta em sua área de atuação. Mas tenha segurança de que os dados fornecidos somente por especialistas não são suficientes. **Não acredite somente no que lhe contam. Investigue um pouco mais, questione, duvide, faça perguntas complementares, procure outras pessoas para trocar ideias, aprofunde-se no tema.** É importante termos em mente que, quando buscamos informações com especialistas, criamos um viés do todo, um ângulo de análise, uma parte. Um bom investigador usa os dados que são fornecidos para construir o seu cenário. Essa é uma forma de termos proximidade com o tema do problema. É como se comêssemos pelas bordas para chegarmos à essência da questão. Isso, podemos dizer, é fazer a aproximação para termos mais precisão na hora de construirmos e optarmos pela melhor estratégia de pesquisa.

6.5 Tipos de pesquisa

As pesquisas podem ser classificadas de acordo com a relação que se estabelece com a proposta de estudo, a fonte de dados a ser buscada, a aplicação de modelos de análise e o ambiente a ser pesquisado.

Essa classificação pode ajudar na definição de qual pesquisa é mais adequada ao problema. Mas é importante ressaltarmos que não há uma pesquisa certa para cada tipo de caso. Ela deve ser decidida a partir dos recursos disponíveis, da viabilidade para realização, do tempo limite e da adequação ao problema. A seguir, veremos os modelos e a aplicabilidade de cada tipo de pesquisa.

6.5.1 Proposta do estudo

De acordo com a proposta do estudo, as pesquisas podem ser descritivas, causais ou exploratórias.

- **Pesquisas descritivas**: propõem-se a descrever um determinado problema ou situação.
  Exemplo: Como as mulheres decidem qual creme hidratante para rosto elas devem comprar?
- **Pesquisas causais**: propõem-se a levantar as relações de causa-efeito de fatos ou fenômenos.
  Exemplo: O que influencia os consumidores na escolha por uma marca de sabão em pó?
- **Pesquisas exploratórias**: propõem-se a entender a natureza de um determinado problema ou situação.
  Exemplo: Por que, na época do Natal, as pessoas compram mais frutas?

6.5.2 Fonte de dados

De acordo com a fonte de dados, as pesquisas podem ser divididas em pesquisa de dados primários e pesquisa de dados secundários.

Capítulo 6

- **Pesquisa de dados primários**: são dados coletados e interpretados em função do estudo específico.

  Exemplo: Imagine aqui o planejamento de uma campanha de um produto que não tem comparativos no mercado nem similares. Entre esses produtos "inovadores", foi idealizado um protótipo de um envelope escurecido para embalagens que continham fórmulas florais. Estas, que são medicamentos homeopáticos, alteram sua estrutura se ficarem expostos à luz do sol ou ao calor. Em razão disso, um *designer* criou um envelope de veludo para que os vidros com as essências fossem transportados com segurança. Por mais que tivessem informações sobre embalagens protetoras para os mais diversos produtos, era arriscado utilizá-las como base para saber se existia mercado e se era possível fazer uma campanha promocional eficiente para essa embalagem específica. O público também era específico. Por isso, uma pesquisa primária, isto é, desenvolvida especificamente para investigar esse universo de pessoas é a mais indicada. Uma estratégia seria entrevistar os laboratórios que preparam a essência a respeito do interesse em adquirir ou revender a embalagem. Outra estratégia, um pouco mais trabalhosa, é ir direto ao público consumidor das essências.

- **Pesquisa de dados secundários**: são dados relacionados ao estudo realizado, mas que foram produzidos por outras organizações ou por outros motivos, e que podem contribuir para a aproximação do foco da pesquisa em questão. Normalmente, margeiam o tema a ser pesquisado.

Exemplo: Os índices relativos à compra de automóveis, que são uma temática amplamente abordada pelos veículos de comunicação e pelos próprios fabricantes de veículos automotivos. Informações sobre esse mercado são amplamente divulgadas em associações, jornais e revistas, em razão de esses veículos de comunicação retratarem, muitas vezes, o consumo da classe média. Por isso, se for necessário fazermos uma investigação exploratória a respeito da quantidade de mulheres que compram automóveis em uma determinada cidade, os dados disponíveis de outras localidades podem ser encontrados com certa facilidade. Isso pode trazer informações que realmente são foco do problema em questão.

É importante destacarmos alguns pontos em relação aos dados secundários. Devemos lembrar que estes foram coletados, tabulados e analisados com propósitos diversos aos da pesquisa em andamento, por institutos ou empresas de pesquisa, encontrando-se catalogados à disposição da sociedade para consulta.

Entre as vantagens de utilizá-los, há a economia de tempo, esforço e recursos financeiros. Contudo, os dados devem ser usados quando temos segurança na credibilidade da fonte fornecedora dos dados secundários, servindo de fonte comparativa e complementar aos dados primários. Mas há suas desvantagens: os dados podem estar expressos em unidade de medida diferente da desejada, além de haver a possibilidade de estarem desatualizados.

Os dados secundários podem ainda ser divididos em internos e externos à agência.

- **Dados secundários internos:** são obtidos pelos diversos setores e departamentos da agência ou são compilados de informações que adentram a agência ou mesmo informações levantadas nas próprias atividades internas e outras campanhas que podem ser utilizadas.
- **Dados secundários externos:** são buscados em institutos e organizações que tenham credibilidade na sociedade. Você pode encontrar alguns dos dados secundários externos em publicações gerais, governamentais, institucionais, órgãos governamentais (federal, estaduais e municipais); instituições; universidades e faculdades; centros de pesquisas; associações de determinados segmentos; sindicatos; serviços padronizados de informações de comunicação; organizações voltadas para as necessidades ou defesa do consumidor, do varejo/atacado, da indústria e dos meios de comunicação e as próprias campanhas veiculadas sobre concorrentes ou sobre outros produtos/serviços.

Enfim, ao utilizar a internet, você pode encontrar diversos dados importantes para dar início e embasamento a sua pesquisa.

6.5.3 A aplicação de modelos de análise

Para a aplicação de dados, é possível utilizarmos dois modelos de análise: a pesquisa qualitativa e a quantitativa.

- **Pesquisa qualitativa**: é utilizada para qualificar comportamentos, ações e reações diante de determinadas situações; levantar ou identificar atributos que afetam decisões relacionadas com o consumo.

Como o nome diz, ela qualifica as questões que, mais tarde, serão comprovadas em números. É realizada, geralmente, associada a estratégias de formação de grupos de discussão com pessoas que representem o público-alvo. Nesse caso, um debatedor estimula as considerações dos presentes sobre determinado tema, produto ou serviço. Ao mesmo tempo, um grupo de observadores anota as impressões de maior destaque no grupo pesquisado. Mas há outras estratégias que podem ser utilizadas de maneira qualitativa também, como a entrevista ou o questionário aberto. Este último permite que o entrevistado responda às perguntas da maneira que melhor lhe convier.

Para a criação de campanhas publicitárias ainda é utilizada uma forma interessante de pesquisa qualitativa: alguns formadores de opinião são expostos a determinada propaganda ou mídia e, logo depois, respondem a respeito das sensações que tiveram, impulsos ou mesmo emoções que foram provocadas pelo estímulo. Esse modelo é utilizado quando necessitamos conhecer os processos subjetivos de compra de um produto ou serviço que margeiam as decisões dos clientes. Sant'Anna (2002) descreve também a pesquisa motivacional, que pode ser similar à qualitativa quando se trata de pesquisar consumidores e o que eles pensam sobre determinado produto. Segundo o autor, "a pesquisa motivacional é, pois, uma técnica que permite aos fabricantes persuadir consumidores a comprarem produtos – não em função de propriedades físicas, mas devido às gratificações psicológicas que proporcionam" (2002, p. 42). O estudioso conta um pouco a história do primeiro pesquisador motivacional, o prof. Ernest Dichter, um médico psiquiatra austríaco que se ocupava em descobrir as imagens mentais dos consumidores e sugerir que determinados estímulos nem sempre estavam claramente colocados. Isto é, mexer em determinadas cores de um anúncio ou mesmo na angulação de uma câmera fotográfica pode persuadir os consumidores de maneira mais efetiva.

- **Pesquisa quantitativa**: é utilizada para realizar projeções, estabelecer correlação, testar hipóteses, mensurar variáveis de mercado, de consumo e de comportamento. Ela comprova em números uma tendência.

Exemplos: imagine um caso hipotético, no qual uma fábrica de leite quer descobrir quantas pessoas em uma determinada área da cidade consomem seus produtos e quais consomem os do concorrente. É uma área da cidade em que os produtos podem chegar mais fresquinhos, e é mais barato desenvolver maiores vendas ali do que ampliar o negócio para outras localidades. A questão é saber se existe mercado ainda a ser explorado. Para isso, precisamos entender qual é a fatia de mercado que essa indústria detém na área e quanto pertence aos seus concorrentes. Uma das opções é trabalharmos com amostras* de pessoas escolhidas aleatoriamente no bairro para serem entrevistadas ou para que seja enviado a elas o questionário. Essa estratégia abre a possibilidade de maiores erros porque não temos a certeza de que todos os pesquisados consomem leite e seus derivados.

Uma segunda opção seria colocarmos entrevistadores nos pontos de vendas da área que abordassem clientes que tenham comprado leite e seus derivados. É importante determinarmos um prazo para a realização da pesquisa que seja adequado ao recebimento de respostas de consumidores frequentes, afinal, quem compra leite de pacote deve comprá-lo ao menos de dois em dois dias. Há ainda a possibilidade de entrevistarmos os donos dos pontos de vendas, perguntando sobre o volume de compras que eles efetivam em um determinado período do leite tal e do concorrente.

Essas três formas de pesquisa fornecem resultados quantitativos. Nem sempre elas mostram o mesmo resultado, e é por isso que a escolha da estratégia mais adequada faz toda diferença. O resultado pode ser medido em porcentagens de fatia de mercado (tal marca detém 20% do mercado, e a outra, 80%) ou em

---

* Amostras são pequenos grupos referentes a todo o público.

números reais (são 200 clientes por mês no total de pontos de venda, e 40 deles não consomem determinada marca). Em qualquer um dos casos, não valerá a pena focarmos as estratégias de *marketing* nessa área, pois o mercado a ser conquistado é pequeno.

6.5.4 Ambiente a ser pesquisado

Você pode priorizar o estudo de ambientes externos ou optar por analisar o ambiente interno.

- **Pesquisa em ambiente interno**: podemos realizar uma pesquisa com indivíduos que são clientes ou já consomem o produto ou o serviço.

  Exemplo: um caso bem corriqueiro de pesquisa interna é aquele formulário que está disponível nas mesas de restaurante. Sucinto e simples, ele tem por objetivo checar se o serviço oferecido continua sendo bem aceito ou se precisa de alterações e melhorias. Podemos perceber também se os anúncios são lembrados.

  Essa pesquisa se pauta pelo conceito de que os próprios clientes podem sugerir as melhorias em uma campanha de divulgação ou mesmo mostrar que atributos de uma campanha podem convencer outros clientes a consumir o produto.

- **Pesquisa em ambiente externo**: esse modelo é o ideal quando a pesquisa envolve *prospects*[*] ou mesmo o mercado como um todo. Nessa situação, o objetivo é conquistar novos consu-

---

[*] *Prospects* são os possíveis clientes, isto é, o público que pode vir a ser cliente.

midores e, para tanto, a pesquisa é dirigida ao público externo, que pode fornecer as informações necessárias para que a agência defina as estratégias ideais, bem como as melhores condições de persuasão, de modo que amplie a fatia de mercado da empresa-cliente.

Exemplo: uma interessante pesquisa externa seria a realizada para uma feira de artesanato com os clientes de outra feira. A pergunta-problema poderia ser: Por que os consumidores frequentam a feira **x** e não a **y**? A partir disso, podemos descobrir que estímulos persuasivos podem ser realizados em uma campanha para convencê-los a mudar de feira. A estratégia mais adequada é ir direto à fonte e trabalhar uma pesquisa qualitativa. Assim, perguntas abertas seriam realizadas por entrevistadores que parariam as pessoas que frequentam a feira **x**. Poderíamos fazer a seguinte pergunta: O que faz com que você escolha a feira **x** e não a **y**? Essa pergunta indicaria os principais motivos: desde "não conheço a feira **y**" (o que denota a falta de ações eficazes de comunicação) até "aqui eu conheço todos os feirantes" (o que revelaria um certo conservadorismo nas decisões, sendo que seria preciso um estímulo mais agressivo para que esses clientes mudassem o comportamento). Uma simples pergunta pode fazer milagres quando queremos atingir o público que ainda não é cliente.

6.6 Estratégias de pesquisa primária

Você pode realizar pesquisas primárias a partir de diversas estratégias de busca dos dados. A escolha da melhor estratégia depende, inicialmente, do problema definido na pesquisa, bem como de aspectos como a disponibilidade de recursos financeiros e humanos. A seguir serão apresentadas as principais estratégias utilizadas.

6.6.1 Grupos de discussão

Comum nas pesquisas qualitativas, o grupo de discussão reúne alguns pesquisados e, por um tempo determinado, estimula-se o debate acerca de preferências, costumes, padrões de consumo e comportamento. Geralmente, há um grupo de observadores que ficam em uma sala à parte, sem serem vistos, e que se utilizam de um vidro fumê para observar a discussão e fazer as anotações a respeito dos atributos e as tendências percebidas. Esse grupo tabulará o que foi visto como algo comum entre os comentários dos entrevistados e transformará essas impressões qualitativas em um questionário objetivo para que um grupo maior de pesquisados corrobore as tendências levantadas no grupo de discussão. Normalmente, os grupos de discussão fornecem soluções para a criação de campanhas publicitárias.

6.6.2 Questionário

Normalmente objetivo, isto é, elenca as respostas possíveis como opção, o questionário é utilizado quando o grupo a ser pesquisado é vasto. É respondido independentemente do estímulo de um pesquisador e, por isso, suas perguntas devem ser claras e construídas para serem perfeitamente entendidas de forma rápida. As opções de respostas devem abarcar a maioria das possibilidades previsíveis, a fim de diminuir as chances de erro. Outra dica importante é **limitar ao máximo o tamanho do questionário** para se ocupar o mínimo tempo do pesquisado.

6.6.3 Entrevistas estruturada, semi e não estruturada

A entrevista prevê um entrevistador que fará perguntas ao pesquisado. Na estruturada, as questões são fixas (não podem ser modificadas) e devem ser todas respondidas a partir da interpretação do pesquisado (o entrevistador não pode explicá-las sob pena de mudar o sentido).

Na entrevista semiestruturada, há um roteiro de perguntas a seguir, mas é permitido um diálogo maior entre o entrevistador e o pesquisado, podendo-se recorrer a perguntas que não estavam originariamente no roteiro.

A entrevista não estruturada parte de uma questão motivadora, de um objetivo principal, mas se encaminha de forma mais livre, buscando-se dentro do discurso do pesquisado o aprofundamento das questões que ele mesmo levanta acerca do tema.

6.7 Passos a seguir na pesquisa

Para que os principais conceitos sobre uma boa pesquisa fiquem claros, será simulado aqui um processo de pesquisa para organizar as informações passadas e determinar um possível ordenamento das ações. Contudo, lembre-se de que isso é somente um dos exemplos a ser seguido. Com a própria prática você poderá corrigir e evitar eventuais falhas futuras.

6.7.1 Definição dos objetivos da pesquisa

Normalmente, há um objetivo principal, a problemática central que dá origem ao estudo. Logo a seguir, esse objetivo é segmentado em outros objetivos, em outras diversas perguntas que passam a fazer parte do estudo. Por exemplo, a pergunta que segue pode dar origem a toda uma análise: Qual é o perfil do público-alvo ou do consumidor de determinado serviço?

As perguntas complementares podem ser as que seguem:

- Qual é o sexo?
- Qual é a idade?
- Qual é a escolaridade?
- Qual é o estado civil?
- Tem filhos?
- Qual é a área de atuação?
- Qual é a profissão?
- Qual é a faixa de renda?
- O que possui em casa?

- Quais são as atividades de lazer?
- Qual é o seu padrão de consumo?
- Há quanto tempo é nosso cliente?
- Por que compra nossos produtos?
- Alguém ajuda nas decisões de compra? Quem?
- Compra produtos de nossos concorrentes? Por quê?
- Por que optou pelo produto deste cliente em vez do concorrente?

Como você pôde ver neste exemplo, a pergunta principal deu origem a outras, que permitem fazer uma análise e uma interpretação, gerando uma ou várias informações que auxiliam na construção de uma base real sobre a qual as decisões serão tomadas.

6.7.2 Especificar as necessidades de dados a serem coletados

É comum começar a investigação pelos dados secundários e depois fazer uma avaliação prévia da necessidade de coleta de dados primários. Como já foi visto, estes são aqueles coletados em função de um estudo específico e têm origem com a coleta de dados em campo, por meio da aplicação de questionários ou a partir de outras metodologias, que podem incluir entrevistas por telefone ou outras estratégias como grupos de discussão, entrevistas estruturadas, com especialistas, entre outras.

Quando avaliamos corretamente a necessidade de dados primários, criamos, quase que automaticamente, um questionário ou um roteiro, os quais formam a base do processo de investigação. Há milhares de exemplos de questionários de pesquisa de mercado. Nesse processo, devemos ter muito cuidado e ser imparciais para não criarmos tendências nem influenciarmos a coleta de informações.

Já com relação à necessidade de coleta de dados secundários, podemos afirmar que ela é indispensável na quase totalidade dos estudos realizados. Há milhares de fontes disponíveis, e a internet transformou-se em uma ferramenta essencial.

Os dados secundários podem transformar o processo decisório, de maneira a reduzir os custos para a coleta de dados primários e o tempo de investigação, além de atribuir qualidade às conclusões emitidas após a coleta de dados primários.

6.7.3 Definição do tipo de amostragem

Antes de partirmos para a definição do tipo de amostragem, é fundamental entendermos o que é uma amostra e os motivos pelos quais ela é utilizada como referência de uma população.

Amostragem é o processo utilizado para gerar uma representação de uma parte do todo. Quando abordamos problemas abrangentes do mundo do consumo, normalmente consideramos milhares ou milhões de pessoas. No contexto de estudos de mercado, chamamos de *população* o total de elementos incluídos no contexto a ser pesquisado.

Exemplo: em um estudo que deseja identificar o perfil dos alunos de uma escola particular de ensino fundamental, a população é o total de alunos dessa escola. Assim, se essa instituição possui 5 mil alunos, podemos dizer que estamos falando de uma população de 5 mil unidades.

Na maioria desses estudos, torna-se inviável levantarmos dados de toda a população por questões de custo e tempo. Nesses casos, utilizamos modelos estatísticos, que conferem confiabilidade às análises realizadas em dimensões menores, com técnicas de amostragem. **Amostras** são subconjuntos da população que guardam com ela identidade e características específicas, podendo representá-la na geração de informações a respeito de sua natureza, seu comportamento, seu perfil, sua performance, entre outros.

Quando falamos em amostras probabilísticas e não probabilísticas, podemos definir que as **probabilísticas** são aquelas que permitem a utilização de modelos estatísticos para cálculo que referenciam toda a população, conferindo a cada elemento da população a mesma probabilidade de participar da amostra. Isso quer dizer que cada indivíduo será o representante de seu grupo, independente de características específicas.

Exemplo: a pesquisa eleitoral é uma situação que envolve pesquisa quantitativa probabilística, porque um grupo de 2 mil pessoas acaba representando 100 milhões de indivíduos de forma padronizada.

Amostras não probabilísticas utilizam critérios que não permitem que todos os elementos da população participem da amostra.

Exemplo: uma pesquisa sobre cosméticos femininos pode inferir pesos diferentes a quem consome cosméticos e a quem não consome cosméticos.

É importante sabermos que a decisão de aplicação ou não de técnicas de amostragem probabilísticas vem do objetivo do nosso estudo. Uma amostra probabilística vem em consequência da aplicação de técnicas probabilísticas de amostragem. Como o princípio básico para geração de amostras probabilísticas é dar a mesma possibilidade de cada elemento da população participar da amostra, devemos considerar como fundamental a utilização de técnicas que permitam escolher os participantes de forma aleatória, isto é, sem pressupor uma escolha. Nesse caso, qualquer indivíduo pode ser escolhido e pode representar seu público.

6.8 Considerações sobre a coleta de dados para pesquisa

Uma campanha publicitária de sucesso normalmente começa com a reunião de dados e informações que possam influenciar nos argumentos utilizados na campanha. Não há como planejar ou criar uma campanha completa sem nos apoiarmos em informações concretas sobre o mercado a atingir o produto, o cliente ou mesmo os concorrentes. Desse modo, o mais indicado é realizarmos pesquisas, a fim de reunirmos as informações que darão segurança ao processo. O planejamento adequado de uma campanha publicitária irá depender do problema de pesquisa e das estratégias escolhidas para obtermos informações importantes.

Estudo de caso

Reúna algumas pessoas da área e proponha a realização de uma pesquisa qualitativa sobre a importância da moda na vida delas. Sugira alguns atributos como conforto, beleza e tendências. Não se esqueça de deixar alguns amigos para observar. No final, interprete os dados, traçando um perfil estilístico a respeito do grupo.

Para saber mais

Para conhecer a respeito de como deve ser elaborada uma pesquisa de opinião, sugerimos a leitura do capítulo *Pesquisa de opinião*, escrito por Ana Lucia Romero Novelli, do livro *Métodos de pesquisa científica*, organizado por Jorge Duarte e Antonio Barros.

> NOVELLI, A. L. R. Pesquisa de opinião. In: DUARTE, J.; BARROS, A. (Org.). **Métodos de pesquisa científica**. São Paulo: Atlas, 2005.

Síntese

Neste capítulo, conhecemos os principais tipos de pesquisa que podem ser aplicados para recolher informações para a confecção de uma campanha publicitária. Estudamos também as diferenças entre pesquisa primária e secundária, qualitativa e quantitativa, além da aplicação de cada tipo de pesquisa em uma situação específica.

Questões para revisão

1) Em que momento, numa campanha publicitária, é importante levarmos em conta o chamado *feeling*?

2) Um dos tipos de pesquisas que podem ser feitos é o grupo de discussão. Em quais situações podemos utilizar essa metodologia? Exemplifique e justifique sua resposta.

3) Por que a pesquisa é importante para o planejamento e a criação de uma campanha publicitária?
   a) Porque sem ela não há como reunir os dados necessários para dar base ao planejamento de campanha.
   b) Porque já é de praxe na área.
   c) Porque sem ela a dupla de Criação não tem como criar.
   d) Porque o cliente nem sempre tem todas as informações.

4) Em relação à natureza do estudo, quais são os tipos de pesquisas?
   a) Exploratórias, secundárias e não probabilísticas.
   b) Primárias e qualitativas.
   c) Exploratórias, descritivas e causais.
   d) Quantitativas e causais.

5) A pesquisa secundária:
   a) possui menos importância e quase nunca é realizada.
   b) é feita sempre depois de todo o planejamento da pesquisa.
   c) tem como público-alvo o secundário à campanha.
   d) reúne os dados e as informações de outras fontes que não a prioritária do problema de pesquisa.

6) O que é um problema de pesquisa?
   a) É a principal dificuldade que se tem na hora de realizar pesquisa.
   b) É a pergunta à qual a pesquisa irá responder.
   c) É quando não há os dados necessários para se fazer a pesquisa.
   d) É uma metodologia que problematiza a pesquisa.

7) O que é amostragem?
   a) É quando se distribuem amostras do produto a ser pesquisado.
   b) É uma amostra que se faz da pesquisa para testar a eficácia da metodologia.
   c) É quando se faz uma parte só da pesquisa.
   d) É uma fatia do universo do público a ser pesquisado.

capítulo 7
O *briefing*

Conteúdos do capítulo:
- Confecção de um *briefing*;
- Principais tópicos que devem fazer parte do *briefing*;
- Problemas de *briefings* malfeitos;
- Dicas para ser específico e eficiente na hora de escrever ou coletar informações para o *briefing*.

Após o estudo deste capítulo, você será capaz de:
- planejar e redigir um *briefing* adequado a sua necessidade;
- identificar falhas e melhorias em *briefings*;
- repassar à equipe e completar *briefings* que não estão adequados.

Capítulo 7

O *briefing* é o documento que, invariavelmente, guiará todo o processo de planejamento e criação da campanha publicitária. Ele é, na verdade, o roteiro que reúne informações relevantes que podem dar base para que o trabalho seja feito com segurança.

Normalmente, o ideal é que o *briefing* seja feito/escrito pelo cliente, o qual irá direcionar os pontos principais da campanha, como objetivo, tipo de estratégia de comunicação sugerida, histórico do que já foi realizado (outras campanhas, contexto do produto/serviço), entre outros tópicos. Mas, na prática, quase sempre não há tempo, ou mesmo conhecimento técnico suficiente, ou ainda paciência, para poder construir um *briefing* a contento. Nesse caso, o Atendimento da agência será o responsável por coletar as informações com o cliente, pesquisar informações adicionais em outras fontes da própria empresa-cliente ou realizar uma minipesquisa para municiar o restante do pessoal da agência de todas as informações.

É importante ressaltarmos que um *briefing* dificilmente será igual a outro. Há tópicos comuns e obrigatórios, mas quase sempre um ou outro ponto será mais destacado ou detalhado. Múltiplos fatores fazem com que cada um deles se torne único, tanto quanto a peça ou a ação que será gerada a partir dele. A própria identidade do cliente, a do produto ou a da ação devem estar elencadas nesse texto e, por isso, não será igual a outros trabalhos.

Neste capítulo, você verá as principais informações que devem constar em um *briefing*. Serão apresentados alguns exemplos de *briefings* que poderão ajudá-lo a construir um padrão. A dica que se dá é a de sempre mantermos o item **observações**, a fim de reservar um espaço para informações que os tópicos padrões de qualquer formulário de *briefing* não abarcam.

7.1 O que não deve faltar

Há itens imprescindíveis a qualquer *briefing*, como as descrições do cliente, do produto, do serviço, do mercado etc., os quais serão apresentados em detalhes.

7.1.1 Cliente

Se o cliente for novo para a sua agência, e este é o primeiro *job* que sua equipe desenvolverá para ele, é importante coletar os dados legais da empresa, tais como o Cadastro Nacional da Pessoa Jurídica (CNPJ), a razão social e o endereço. Além disso, é fundamental entender a organização do seu cliente, seus departamentos e as áreas de atuação; visualizar o organograma com os cargos, as funções e as responsabilidades de cada setor; inteirar-se dos processos internos de gestão e decisão; compreender suas políticas, filosofias e missão; conhecer tanto as lideranças informais como seu histórico publicitário e iniciativas anteriores que tenham relevância para o trabalho. Mas, principalmente, **deve-se ter claramente quem será o seu contato – a ponte entre a empresa e sua agência – e como as decisões de aprovação do trabalho serão tomadas.** O objetivo nesse momento é conhecer o cliente de forma rápida, mas abrangente e profunda, mesmo sabendo que somente a continuidade do relacionamento poderá agregar mais dados para próximos *briefings* e *jobs*. Aos poucos, o Atendimento perceberá quem realmente detém o poder na organização, quem influencia as decisões dos aprovadores da campanha, entre outros segredos. Essas informações serão relevantes em todo o processo e passarão a orientar o modo como o relacionamento que envolve agência e cliente será realizado. Mas não se preocupe se não conseguir todas elas no primeiro *briefing*, pois será no decorrer do atendimento que a maior parte das informações virá à tona. Com isso, é importante que o Atendimento colete o principal neste primeiro *briefing*, sendo que o ideal é induzir seu cliente a passar tudo o que é importante sobre ele e a empresa. Pergunte tudo como um bom investigador. Isso fará diferença na construção do *briefing*.

7.1.2 O produto

O objeto da campanha publicitária, que pode ser o produto, o serviço ou a empresa, ocupará papel central no *briefing*. A melhor estratégia de comunicação será composta pelas características do produto, pelos benefícios que este oferece e por tudo aquilo que o envolve.

Para isso, alguns dados do produto são obrigatórios, como nome, formato, rótulo, especificações técnicas, maneiras de utilização e fins alternativos – normalmente criados pelos próprios usuários. Em produtos de limpeza, isso acontece com maior frequência: enquanto o fabricante indica um uso, outros são construídos no cotidiano. Um exemplo é o alvejante, indicado para clarear roupas, mas que também pode ser usado na higienização de ambientes. É importante descrevermos também as cores do rótulo, a localização do ponto de venda, os diferenciais em relação aos concorrentes, as forças e as fraquezas já diagnosticadas, as versões ou os sabores (no caso de alimentos). É possível tentarmos demonstrar a imagem atual e o histórico do produto, da imagem, do preço e das tendências dos custos em relação às variações do mercado, além de sabermos onde ele é produzido e o processo de fabricação (importante no caso de alimentos). Se possível, também podemos levantar as opções de consumo, a capacidade de produção e a disponibilidade na atualidade e no futuro (é o caso de insumos retirados do meio ambiente por meio de extração ou que estejam sob discussão legal, como o palmito, o petróleo ou a borracha). O propósito é **detalhar ao máximo todas as nuances do produto e do que o envolve** para obtermos o maior número de informações úteis para nortear as ações de comunicação.

7.1.3 Serviço

O serviço oferecido pelo cliente tem importância similar ao produto na construção do *briefing*. Como o produto, o serviço

Capítulo 7

é parte de honra na elaboração comunicativa e possui especificidades que precisam ser mostradas quando queremos promovê-lo de maneira eficiente. No produto, trabalhamos com impressões e informações mais visíveis, concretas; já no serviço, contamos com o que o público-alvo sonha. Por exemplo: em uma pesquisa qualitativa, para se perceber a aceitação de um produto, você pode oferecê-lo a um grupo de pessoas e pedir que o experimentem. O serviço agregado, sem ser efetivamente realizado, precisa ser imaginado, e é aí que se conta mais com o que cada indivíduo pensa ou sonha. Um bom exemplo disso é uma viagem. O serviço de uma agência de turismo só pode ser percebido no momento da ação em conjunto com aquilo que o cliente tem de expectativa a respeito da viagem. Estamos falando aqui do intangível, daquilo que é sentido ou percebido pelo cliente.

Assim, é importante levantarmos o máximo de informações possível sobre o serviço, de modo que nos aproximemos cada vez mais das impressões que ele pode causar nos clientes. Entre o que pode ser colocado no *briefing*, está a descrição geral e minuciosa de todo o processo de prestação de serviços, como nome utilizado, modalidades, formas de compra (ponto de venda, internet, correio, telefone etc.), procedimentos (o ritual que compreende desde a venda ao consumidor até a efetiva prestação), histórico de todas as ações de divulgação e comunicação desse mesmo serviço, diferencial em relação ao mercado (vantagens competitivas), principais benefícios oferecidos, parcerias e organismos conveniados, legislação que envolve a sua utilização, imagem construída no mercado, entre outros elementos. O objetivo aqui é transcrevermos absolutamente todos os detalhes a respeito da dinâmica do serviço e tornarmos o mais concreto possível as impressões que podem ser percebidas dele. Isso auxiliará, e muito, na hora do *brainstorming* de criação.

7.1.4 O mercado

O ambiente ou *share** de mercado no qual uma campanha de publicidade se estabelecerá deve ser muito bem conhecido e delimitado. Medir todas as possibilidades, estabelecer o posicionamento do produto/serviço e da empresa-cliente e aonde se pode chegar em relação à demanda, aos concorrentes e ao espaço de mercado é o objetivo quando analisamos profundamente a área de atuação.

Nesse item, o importante é você dimensionar e entender como se dá a dinâmica de consumo do produto ou do serviço. Para isso, busque o tamanho real do mercado em volume e valor, sua trajetória e suas possibilidades de evolução. A sazonalidade que pode existir é importante em algumas situações (por exemplo, a venda de sorvetes e roupas). Contemple ainda os processos de venda do produto/serviço, como tipos de embalagem, vendas no atacado ou no varejo, sistemas de distribuição, revendas ou filiais. Identifique a prestação de serviços e como ela é realizada, isto é, se é centralizada em uma unidade ou equipe, como acontece o fluxo entre os diversos departamentos, quais os canais utilizados para a venda (telefone, Correios, internet, porta a porta, em locais específicos como escolas, academias etc.), as possíveis influências geográficas, demográficas

---

* *Share* de mercado é o mesmo que fatia ou quota de mercado.

Capítulo 7

e culturais, o comportamento e as atitudes da força de vendas e a dimensão de sua responsabilidade no processo. Com essas informações, o cenário mercadológico acaba se tornando algo mais real, palpável, e fornecerá informações consistentes para o planejamento da ação de comunicação.

Cabe ainda ressaltarmos algumas informações sobre a relação entre produto e mercado. Esses não são dois fatores independentes, e precisam ser estabelecidos alguns *links* naturais no *briefing*. É importante definirmos o que já foi estudado sobre o volume do mercado, sua evolução e possível tendência, assim como seu comportamento em relação às diferentes marcas de produtos e serviços. Importa ainda distinguirmos a posição das marcas dominantes daquelas que estão entrando no mercado e que podem ameaçar, de alguma maneira, o produto/serviço em questão. A análise da situação do produto ou do serviço trará, ainda, grande quantidade de informação a respeito da imagem e da atitude que ele tem criado nos compradores, as políticas de valores e preços, as ações de promoção que usualmente são realizadas e o grau de fidelidade com a marca e a frequência de compra. Isso deverá fazer parte de uma lista de vantagens e desvantagens competitivas do produto ou serviço, de suas oportunidades e de seus possíveis problemas no cenário mercadológico.

7.1.5 Consumidor (público-alvo)

A estrela de qualquer ação de comunicação é o público a ser atingido, o consumidor, quem vai comprar e utilizar o produto ou o serviço. O *briefing* precisa olhar esse indivíduo com olhos de águia, a fim de descobrirmos e entendermos tudo sobre ele. Para planejarmos uma campanha publicitária, diversos dados e informações a respeito do público são importantes: perfil (psicográfico[*], socioeconômico-cultural, profissional), hábitos, atitudes, costumes, *hobbies*, rotina, influências ambientais e sazonais (por exemplo, movimentos dos quais participa, grupos de discussão, comunidade a que pertence, eventos nos quais comparece com frequência, momento político/econômico e social e efeitos causados no consumo), benefícios que busca no produto/serviço, grau de satisfação com o que já existe no mercado, decisão de compra (quem decide na família, quem realmente compra/fecha negócio, de quem é o dinheiro), localidade de compra e nível de frequência de utilização do produto/serviço.

O tamanho total ou estimado do público e a abrangência geográfica (área urbana ou rural, grandes metrópoles, interior ou litoral) também são fatores que requerem atenção. A relação que o consumidor mantém com a concorrência e quais são suas opiniões sobre ela devem fazer parte do *briefing*.

Manter o foco de atuação no cliente define grande parte do planejamento da campanha. O consumidor/cliente e seu comportamento acabam, quase sempre, dando pistas interessantes ou mesmo definindo a escolha dos meios de divulgação e das peças a serem criadas para a ação de comunicação. Por exemplo: se o público-alvo não se deslocar com frequência em automóveis, ou mesmo não possuir hábitos e costumes diurnos, é bem possível que a utilização de mensagens em *outdoors* seja evitada na campanha e a escolha recaia sobre outra mídia que pode ser mais efetiva.

---

[*] Psicografia indica o perfil de personalidade.

7.1.6 Concorrência

Quando se trata de uma disputa de mercado, conhecer os detalhes da ação da concorrência pode fazer a diferença entre perder ou ganhar um *share* de mercado. Isso se traduz em conquistar um número significativo de consumidores e aumentar o volume de participação nesse bolo. Em outras palavras, significa vendermos o produto ou o serviço para alguém que já comprava ou poderia comprar de outra empresa.

Ferrari (1990) destaca que, sem as informações básicas do concorrente, arriscamos criar um material inadequado – que não faça diferença entre os concorrentes ou, ainda, seja pior do que o deles – e utilizar uma estratégia de veiculação pouco efetiva em relação ao planejado para a campanha, o que pode representar resultados inferiores aos obtidos pelos concorrentes. Assim, entendermos como a concorrência caminha e divulga seus produtos e serviços é fundamental para o desenvolvimento do *briefing* e o posicionamento da ação publicitária.

Entre as informações importantes a serem levantadas a respeito da concorrência, estão a diferenciação entre quem é concorrente direto e quem é indireto – isto é, quem influencia na disputa pelas vendas, mas de maneira mais distante, como o mercado de automóveis, em que as motocicletas representam concorrentes indiretos –, o posicionamento dos produtos/serviços (no *ranking* de vendas e de abrangência), as estratégias de comunicação – ações de *marketing* realizadas e objetivos alcançados –, a organização de promoção mercadológica, a imagem estabelecida na cabeça do consumidor – *top of mind*[*] – o preço praticado, os diferenciais da concorrência em relação ao produto

---

[*] *Top of mind* indica a marca mais lembrada.

ou ao serviço da empresa-cliente e o perfil do consumidor que compra da concorrência.

Correa (1998) diz ainda que conhecer de maneira profunda cada um dos concorrentes – o que inclui detalhes como o potencial econômico dos concorrentes, a estrutura de venda, as formas de se trabalhar, seus principais executivos e outros fatores – permite delinearmos um perfil que ajude a prever as mobilizações futuras. É possível, segundo ele, traçarmos a tendência do que pode acontecer.

Obter as informações das empresas/dos produtos concorrentes faculta ainda traçarmos um plano de quanto de mercado se pode atingir, elencando consumidores e regiões que, muitas vezes, não são trabalhadas pela concorrência e que podem mais rapidamente trazer resultados. Isso pode ser analisado e pensado quando o ideal é fazer uma campanha de maior abrangência, mas a verba não é suficiente para toda a estratégia. Com as informações da concorrência, podemos estipular qual ferramenta será utilizada na comunicação.

7.1.7 Histórico de campanhas

As campanhas publicitárias realizadas anteriormente pela empresa-cliente para esse mesmo produto ou similares, trazendo formatos, resultados e procedimentos, podem contribuir de forma decisiva para a efetividade da utilização de algumas estratégias, veículos, peças e mensagens. Embora com estudos preliminares já se possa construir uma linha de ação, conhecer as campanhas anteriores e suas avaliações pode ajudar a evitar erros repetidos ou, por outro lado, ter mais segurança ao se investir em estratégias que comprovadamente trouxeram resultados. Entretanto, é importante que essas informações sirvam somente de base para a estratégia, pois corremos o risco de investir na mesmice criativa quando os resultados anteriores sempre são positivos.

Seja qual for a decisão a ser tomada, é aconselhável dar uma boa olhada em todas as peças já criadas, ações e promoções realizadas anteriormente por outra agência – é importante que o plano da outra agência seja bem lido – ou pela própria *house*. Com esses planos em mãos, observe o tópico que fala a respeito da avaliação da campanha realizada. Essa simples análise somada a um resumo, que será contemplado no *briefing*, pode economizar tempo e dinheiro.

7.1.8 Objetivos

De nada adianta coletarmos uma rica gama de informações se não deixarmos claro aonde realmente queremos chegar e o que queremos realizar. **O objetivo é a razão do *briefing*, da campanha ou da ação de comunicação.** É importante destacarmos que o cliente pode ter um objetivo em mente e não ter a mínima ideia de como chegar lá ou este estar calcado em argumentos infundados ou irreais. Assim, o importante é que você, ao construir o *briefing* da campanha, tenha de modo concreto o que se quer com essa estratégia, em números ou mesmo em porcentagem. Isso irá ajudar na hora de avaliar as conquistas depois da veiculação.

É na hora de coletar dados e discutir as principais informações já tratadas que o objetivo deve ser especificado. Há uma piada comum na área de comunicação que diz que o objetivo do cliente normalmente é triplicar suas vendas com metade do esforço e um terço do investimento. Se o caso em questão for desse tipo, é importante, na hora de construir o *briefing*, dimensionar, juntamente com o cliente, o objetivo real a ser alcançado. Isso deve ser feito com base em tudo o que você coletou, discutiu e já sabe. Claro que essa questão será firmemente definida e traçada na agência, na hora de realizar o *brainstorming* com as equipes de Criação e Planejamento, mas é importante colocarmos no *briefing* o objetivo que o cliente ventilou sem as expectativas de um milagre.

Temos aqui um exemplo de objetivo aproximado da realidade: "Com esta campanha de promoção do produto queremos aumentar o *share of mind** em mais 10%, mas nas discussões preliminares vimos a importância de diminuirmos essa expectativa para 5% e investirmos em uma fidelização maior". Desse modo, é fundamental determinarmos o público a ser atingido e um prazo realista para que isso aconteça a partir de um orçamento coerente com esses objetivos.

Há dezenas de tipos de objetivos, desde aumentar ou diminuir determinadas percepções, alterar impressões ou sentimentos relacionados ao uso do produto, definir outras maneiras de aceitação, mudar a imagem do produto/serviço e as atitudes em relação ao consumo ou, ainda, reforçar uma tendência. Alguns exemplos: incentivar a adoção de hábitos saudáveis de alimentação, estimular a coleta seletiva de lixo e reforçar as tendências de um comportamento politicamente correto, sempre aliado ao consumo de um produto ou serviço.

---

* *Share of mind* designa a fatia do mercado de clientes que lembram de determinada marca.

Capítulo 7

Não se esqueça de que os objetivos devem ter a possibilidade de mensuração para que a avaliação ao final possa ser mais efetiva.

7.1.9 Verba disponível

Realizar a definição da verba a ser investida em uma campanha publicitária é também definir, indiretamente, os meios e as peças que serão utilizadas, além da abrangência prioritária da ação. Empresas grandes que possuem um Departamento de *Marketing* estruturado e um plano anual de divulgação de seus produtos e serviços já têm uma noção orçamentária do quanto podem investir em campanhas de comunicação durante o ano. Essas organizações costumam delinear um plano de ação e, no momento de construir ou passar o *briefing* para a agência de comunicação, já remetem a uma ideia clara de quanto querem gastar. Em uma situação dessas, a agência possui um leque de opções a fim de organizar a campanha dentro do orçamento, alocando as estratégias com o intuito de conquistar o máximo de produtividade, o que se consegue na equação investimentos *versus* resultados.

Há, no entanto, algumas situações nas quais a agência precisa informar previamente alguns valores e custos de campanha para se alcançar determinados objetivos. Mas há empresas (comumente menores) em que não existe um departamento focado em definir estratégias de comunicação, e seus diretores pretendem fazer alguma coisa para promover ou divulgar o produto. Nessa linha, conseguir definir uma verba é um desafio e tanto, principalmente se o cliente não quiser gastar demais. Aqui cabe abrirmos parênteses com o intuito de analisarmos a imagem da própria comunicação na mente dos pequenos empresários, tomando-se o cuidado de evitar generalizações.

Normalmente, o comportamento esperado de pequenos empresários, que com todas as dificuldades impostas pela economia brasileira conseguem abrir uma empresa, é o de pensar que ações de comunicação são supérfluas. Eles estão acostumados a brigar todos os dias para conseguir uma parcela maior de lucro em meio às negociações diárias. Assim, convencê-los de que precisam reservar uma parcela do faturamento para investir em comunicação, às vezes, torna-se uma tarefa complicada. Mais ainda: transformar a comunicação em uma estratégia contínua e planejada com prazos mais longos é praticamente informá-los de um custo fixo que eles não querem ter agora.

Assim, o conselho é: **não engesse o tópico a respeito da verba no seu *briefing*.** O ideal é definir uma estimativa de valor, mas, caso isso não seja viável, pelo menos investigue se isso é possível de se fazer e coloque no *briefing*. Será na apresentação ao cliente que a defesa final do investimento deve ser realizada.

Já os clientes de porte mediano ou grande solicitarão opções de planejamento de investimentos, as quais devem estar previstas no *briefing*. Você pode fazer isso com base na inserção do produto/serviço no mercado, posição que ele ocupa ou ainda em porcentagens dessa participação.

7.1.10 Pesquisa

Inclua no *briefing* os dados de pesquisa que foram coletados em outras situações e que interessem ao *job* específico. Pesquisas secundárias em institutos podem vir a completar as informações do *briefing*. Aqui, colocamos os dados e as informações que ajudam a traçar um cenário sobre o qual se constrói a ação. Esses resultados de pesquisas feitas anteriormente podem delinear algumas decisões no momento de ler o *briefing* e criar a campanha.

Podemos também sugerir a estratégia de ação de comunicação que pode ser utilizada na campanha publicitária. As discussões realizadas com o cliente e a percepção de suas expectativas devem estar presentes neste tópico do *briefing*. É importante que o restante da equipe da agência esteja familiarizada com o que o cliente espera, mesmo que a estratégia sugerida por ele venha a se provar menos eficiente em relação às outras. Em muitas situações, essa sugestão pode economizar boas idas e vindas numa aprovação de campanha.

O Atendimento, em alguns casos, conhece o cliente a ponto de saber quais mídias serão utilizadas em detrimento de outras. Isso não significa seguirmos à risca o que ele quer, mas informarmos à equipe o que pode ser feito com tudo o que está disponível para isso, inclusive sugestões de estratégias. Então, são previstos os veículos de divulgação, as ferramentas de comunicação, as peças, os conteúdos, as ideias de criação e as obrigatoriedades, principalmente as referentes a padrões de marca, cores, linha, estilo, período de atuação e outras sugestões que dão a sinalização do que pode ser construído pelas equipes de criação e planejamento.

7.1.11 Cronograma

O cronograma constitui a previsão de datas para todas as atividades relacionadas ao *briefing* e à campanha. Nele são estipuladas as datas de apresentação do *briefing*; a previsão para reunião de pós-*briefing*, que é quando a agência discute sua proposta em relação aos dados colocados no *briefing* original; o momento/data da apresentação da campanha ao cliente; a data de início de produção e aprovação de custos de produção e mídia; a data de início de veiculação/distribuição; a duração da campanha e a avaliação. O cronograma nada mais é do que uma sugestão de prazos. Como não é imutável, podemos alterá-lo no decorrer do processo quando o *briefing* se transformar em relatórios de acompanhamento.

Até aqui, abordamos os tópicos principais, mais comuns e frequentes, que precisam estar incluídos em um *briefing*. É importante lembrarmos também que esses tópicos são mutáveis. O nível de detalhamento e a quantidade de informações variarão em cada *briefing* de acordo com a abrangência de cada ação/objetivo. Cada um dos tópicos também pode absorver informações variadas, de outros assuntos, que não foram previstas aqui. O bom senso deve ser a medida exata, a fim de que o *briefing* reúna tudo o que é necessário para a elaboração da campanha sem desgastar as equipes de Planejamento e Criação com informações e detalhes exagerados.

7.2 O texto do *briefing*

Depois de coletar todas as informações e subdividi-las nos assuntos tratados, é importante que você redija o texto final do *briefing*. Aqui há algumas sugestões para que esse texto fique mais interessante para leitura.

7.2.1 Utilize tópicos

O texto em formato de tópicos torna-se especialmente interessante quando queremos passar impressões mais rápidas e diretas e que não exigem muitas explicações ou detalhamentos. A leitura é facilitada por quem irá fazer uso do *briefing*, pois o formato agiliza a comunicação entre o Atendimento e a equipe e facilita a compreensão. O ideal é fazer subtítulos mesmo que o trabalho exija maior detalhamento ou impressões mais subjetivas.

7.2.2 Crie duas versões

Há quem faça duas versões: uma para a equipe, com questões técnicas, e outra para o cliente confirmar o que foi discutido na reunião de *briefing*. Normalmente, o corre-corre das agências acaba sacrificando uma delas. A confecção dessas duas versões dependerá de como o Atendimento avalia o caminhar do processo.

O texto direcionado para a equipe possui as informações coletadas com o cliente, os departamentos afins e as pesquisas. Incluem-se comentários e sinalizações próprias do dia a dia da agência que, para o cliente, seriam ininteligíveis.

Há ainda clientes que acabam por obrigar a agência a confirmar o *briefing*. Esses clientes são aqueles que mudam de opinião dezenas de vezes e pedem para refazer os processos a cada momento. Para esses, pedir a aprovação do *briefing* antes de começar a criação pode ser uma boa saída para evitar muitas idas e vindas.

7.2.3 Clareza e informalidade

A busca e a elaboração de informações concretas para embasar o texto do *briefing* não obrigam o Atendimento a fazer um texto formal e rígido. O *briefing* deve conter elementos importantes, que façam a diferença e pautem os profissionais do Planejamento e da Criação. Deve conter ainda a clareza e a fluidez necessárias para o rápido e bom entendimento. A tática é perder menos tempo na hora de repassar as informações, por isso, simplicidade pode ser uma boa saída. Assim, um certo tom mais informal pode ser usado sem prejudicar a credibilidade das informações.

7.2.4 A personalidade da ação

É no texto do *briefing* que você poderá emitir as questões subjetivas que precisam envolver a identidade da campanha. Utilize adjetivos que são de conhecimento geral da equipe da agência e que consigam repassar com precisão aquilo de que se necessita. Veja o exemplo: "A campanha deve ter uma conotação certinha em relação ao jeito de viver do personagem. Mas essa descrição precisa estar envolta em um tom meio irônico, panfletário."

Outras impressões que podem ser colocadas no texto são a opinião do cliente (ele prefere que o personagem seja um homem careca) ou mesmo especificar tons de formalidade/seriedade, agressividade, de venda, promocional, varejista, alegre, jovial, despreocupado, *clean*, resolvido, institucional, com ou sem pompa etc.

7.2.5 Obrigatoriedades e proibições

Estipule no texto as questões que são obrigatórias, como a indicação de utilização do manual da marca da empresa, o uso de uma música específica ou de um mascote, um selo de qualidade, um fundo de uma cor especial, entre outros.

Deixe previsto também um espaço para se colocar as proibições, aquilo que é bom evitar. Dentro disso, cabem as linhas políticas, editoriais, opinativas, referências a piadas, minorias étnicas ou sociais, versões de discurso que podem dar conotação preconceituosa ou de filosofia da própria empresa que possam agredir a identidade de povos, como a não utilização de brincadeiras com costumes locais.

7.2.6 Motive por meio do texto

O Atendimento pode se utilizar do texto do *briefing* para motivar os criativos a trabalharem com um prazo exíguo. No momento de repassar as informações, ele pode estimular a equipe com frases do tipo: "O cliente é novo e precisamos provar a ele que fez uma boa escolha nos contratando", ou "Tenho certeza de que esse projeto será fabuloso", ou ainda "Confio no talento de todos vocês para agarrar esse desafio!"

Essas expressões podem não resolver problemas de pressão de prazo, comuns na hora da criação, mas ajudam a manter um nível interessante de comunicação entre as equipes. Sampaio (1997) ressalta que, quando se brifa a dupla de criativos, é importante cultivar relacionamentos e um clima bom, pois o objetivo do *briefing* é também **criar interesse** e **estimular ideias**, de modo que os encoragem a descobrir outras soluções interessantes.

Há ainda diversas outras especificidades que podem ser consideradas no texto do *briefing*. A cada novo projeto, você deve adequar o seu discurso às necessidades que forem aparecendo. A dica é conceituar de forma objetiva; assim, leve todos os dados coletados usando a linguagem do seu público-alvo, seja ele o cliente, seja ele a equipe interna à agência.

7.3 Principais pecados a serem evitados

É importante também manter cuidado com um costume frequente: o relaxamento na construção do *briefing*. Depois de um tempo, tanto o cliente como o profissional do Atendimento acabam imaginando que tudo já foi dito e que não é mais necessário entrar em detalhes. Devemos tomar o cuidado para isso não ocasionar a ausência do *briefing*. Também devemos nos atentar para que o texto não se torne incompleto, prolixo ou rígido demais.

7.3.1 O *briefing* incompleto

Um *briefing* é incompleto no instante em que ele não dispõe de todas as informações relevantes ao planejamento e à criação da peça ou da ação. Parece óbvio, mas o comum é ocorrerem negligências na hora de expor informações interessantes para a criação da campanha. Para evitar esse fato, você deve utilizar-se de empatia, isto é, imaginar-se na pele dos outros colegas de equipe. Mesmo que pareça óbvio, nunca é demais explicar melhor as coisas.

7.3.2 *Briefing* prolixo

Além de subestimar a capacidade de interpretação da equipe criadora, um *briefing* cheio de detalhes e minucioso demais desanima e faz todo mundo perder tempo, além de engessar o exercício de criação. É bom lembrar que o *briefing* é um roteiro que norteia o trabalho e não um relato minucioso de podes e não podes num planejamento de campanha.

7.3.3 *Briefing* rígido

É natural que o *briefing* tenha uma certa organização, tópicos comuns e mesmo formato a ser seguido, mas ele não deve representar um sistema imutável cada vez que é feito. Focar-se nas informações necessárias e estar atento ao que a equipe realmente precisa pode livrar o Atendimento desse problema.

7.4 Exemplos de formulários de *briefings*

Um padrão de formulário ideal que pode ser utilizado para se construir um *briefing* é prever os principais dados necessários e deixar espaços para textos personalizados no final do documento. Entre os dados fixos – previsíveis para qualquer *briefing* – podem figurar quantidade, tamanho, cores, material a ser utilizado e objetivo principal. No texto personalizado serão detalhadas as orientações que servem somente a esse trabalho, como as obrigatoriedades e as especificidades do projeto.

Com o texto básico do formulário, é possível transcrevermos informações importantes, enquanto com o texto personalizado podemos dar destaque aos dados específicos do projeto.

Confira a seguir um exemplo de formulário de *briefing* com tópicos a preencher.

Job, trabalho nº: utilizado para controle interno, quando há vários *briefings* do mesmo cliente.

- **Data**: data de quando o *briefing* foi elaborado.
- **Cliente**: nome da empresa cliente.
- **Contato para aprovação**: nome da pessoa física, contato dentro da empresa cliente.
- **Fone/fax**: número de acesso do contato.
- ***E-mail***: endereço do contato.
- **Material**: descrever o tipo de material que deve ser criado.
- **Objetivo da campanha/do material**: mostrar os resultados que se pretendem atingir com a campanha/material.
- **Tipo de mídia sugerida**: indicar a sugestão do cliente. Isso pode ser mudado de acordo com o planejamento.
  - ( ) TV
  - ( ) *Mailling*
  - ( ) Rádio
  - ( ) Revista
  - ( ) Jornal
  - ( ) Outro:_____
- **Público-alvo**: descrever o público a ser atingido.
  - – Idade:
  - – Nível escolar:
  - – Classe:

- **Se for nicho profissional (área de atuação)**: descrever aqui esse item, caso seja indicado para um grupo específico.
- **Recursos que podem ser utilizados**: descrever as sugestões do que pode ser utilizado na campanha – desde materiais de divulgação até amplitude de ações.
- **Descrição geral do contexto**: questionar o problema que o cliente está enfrentando e o que espera da campanha.
- **Objetivo**: o que ele pretende conquistar a longo prazo com outras ações, como lançamento de novos produtos.
- **Períodos de veiculação**: determinar quanto tempo a campanha irá durar.
- **Obrigatoriedades**: apontar tudo aquilo que não pode faltar nos *layouts* ou no argumento principal da campanha.
- **Cuidados específicos a serem tomados**: discriminar as recomendações a respeito do que o cliente quer que seja feito.
- **Abordagem a ser utilizada**: escolher a melhor linguagem (formal/técnica/1ª pessoa, aquela que traz emoções em geral etc.).
- **Observações**: aqui devem entrar os comentários que não podem ser previstos nos tópicos já mencionados. O texto motivacional para estimular a equipe e as especificidades do material também devem estar presentes neste campo.

Os *briefings* não são e nem devem ser iguais. Eles devem se adequar a cada caso. No modelo que segue, podemos ver um *briefing* de uma campanha completa para um cliente fictício.

Cliente: Distribuidora de Combustíveis Petrolins
N° job: 0067
Campanha: Qualidade para competitividade
Início previsto: 17/02/07
Término previsto: 22/02/07
Atendimento: Aline
Tarefa: desenvolver nome e logomarca, fôlder, *banner*, *e-mail marketing* e página para apresentação multimídia.

Briefing para design/web

1 Cenário

Esse *briefing* nos dá a missão de desenvolver uma nova identidade visual de um projeto estadual da Distribuidora de Combustíveis Petrolins: *Qualidade para a competitividade*.

Nos anos anteriores, esse projeto contava com a parceria do Governo Federal, além da Petrobras e da própria Petrolins, mas em cada região do País seu desenvolvimento acontecia de forma diferente, inclusive com nome e formatos diferentes.

Agora, com a saída do Governo Federal da parceria, a Petrolins e a Petrobras querem trabalhar com esse programa de maneira integrada em todo o Estado do Paraná, pelo menos com único nome e metodologia.

A nossa tarefa começa aqui! Pensar em um novo nome para o projeto e desenvolver a identidade visual dele. Além disso, teremos de aplicar essa nova proposta em alguns outros materiais: fôlder, *banner*, *e-mail marketing* e página para apresentação multimídia.

2 Público-alvo

Postos de gasolina e revendedores de produtos combustíveis que querem se aprimorar para conquistar um diferencial de mercado.

3 Conceito do produto

O *Qualidade para a competitividade* é uma ferramenta que a Petrolins oferece para auxiliar pequenos e microempresários do setor de combustíveis a se qualificarem e se tornarem competitivos.

4 Objetivos

a) Objetivo geral

Aumentar a competitividade e os diferenciais dos revendedores de combustíveis do estado, investindo na profissionalização da gestão do negócio e no desenvolvimento de pessoas envolvidas na atividade.

b) Objetivos específicos
- fidelizar os clientes antigos;
- aumentar a carteira de clientes;
- definir novos produtos/serviços/processos;
- melhorar a qualidade da gestão;
- desenvolver a equipe de vendas e as estratégias de comercialização;
- agregar valor ao serviço de fornecimento de combustível.

5 Peças a desenvolver

a) Nome e logomarca do projeto

Precisamos pensar em um novo nome e em uma nova identidade visual. A equipe da Petrolins sugeriu que o conceito fosse trabalhado a partir das palavras-chave: **combustível** e **gás**.

Eles ofereceram algumas opções estudadas que seguem abaixo:

- combustível de sucesso;
- força de ação;
- mais gás.

A identidade visual precisa fugir completamente da opção antiga, na qual os tons de verde, branco, cinza e azul eram utilizados.

Eles gostariam de cores vibrantes, fortes! Vamos tentar apostar no laranja ou mesmo no vermelho, a fim de mostrar a vibração do projeto.

Anexo ao *job* segue um material para servir de exemplo.

b) Fôlder

Precisamos desenvolver o *layout* de fôlder simples, no formato A4, com duas dobras. Aceita-se outras sugestões que não impliquem maiores custos.

Esse fôlder deve conter as principais informações sobre o programa, e é importante atentar para uma linguagem mais simples.

c) *Banner*

Criar uma opção de *banner* institucional, divulgando o novo nome e a nova identidade visual do programa. Esse *banner* será utilizado em eventos do projeto.

d) *E-mail marketing*

O *e-mail marketing* deve conter as informações principais sobre o programa, e o objetivo é despertar o interesse dos empresários revendedores.

É importante que o *e-mail* tenha um recurso que possibilite a inscrição no programa pela internet. Sugiro conversar com o pessoal de desenvolvimento em informação da Petrolins para viabilizar essa inscrição virtual.

e) *Slide* padrão para apresentação multimídia

Aplicar a nova identidade visual no *layout* do *slide* para apresentação multimídia.

6 Sugestões para um caminho criativo

Não existe nenhuma restrição ou sugestão para a criação, apenas temos de desenvolver uma nova proposta de nome e padrão visual para o programa, levando-se em conta que ela deve ser bem diferente da antiga. Usar cores mais vibrantes e mostrar que essa é uma iniciativa para quem quer continuar crescendo.

7 Verba

Foi fechado um pacote especial de criação para este *job*.
O valor total é de R$ 100 mil.

8 Dados obrigatórios

- A assinatura dos materiais deve contar sempre com a logomarca da Petrolins ao lado da Petrobras, no mesmo tamanho. Sempre!!!
- Solicitar a logomarca da Petrolins ao Atendimento!

9 Mais informações

a) Estrutura do programa
- lançamento e adesão;
- diagnóstico das necessidades no posto;
- capacitação gerencial e funcional;
- consultoria especializada local;
- lançamento – evento que lançará o projeto;
- diagnóstico – consultores, gratuitamente, traçarão o perfil do comportamento do consumidor;
- avaliação do cliente oculto;
- avaliação operacional do posto;
- elaboração do plano de ação individual.

b) Capacitação
- gerencial;
- *marketing*;
- finanças;
- funcional;
- atendimento e técnicas de vendas;
- consultoria;
- acompanhamento e apoio na implantação;
- encerramento;
- seminário regional com troca de experiências.

c) O que a empresa recebe aderindo ao projeto
- perfil do comportamento de compra do seu consumidor;
- 10 horas de consultoria especializada na empresa;

- 5 vagas nos treinamentos totalizando 50 horas;
- 5 convites para o seminário de encerramento.

d) Resultados que devem ser alcançados
- aumento do faturamento/produtividade;
- fidelização progressiva do consumidor;
- competência administrativa.

e) Prazo: 22/02/07

Estudo de caso

Confeccione um *briefing* fictício. Depois, entregue-o a um colega da área para que sejam avaliados os quesitos clareza e objetividade. Questione o seu colega a respeito da qualidade do seu texto.

Para saber mais

O vídeo *Briefing ruim... ou não?* traz uma divertida situação de um *briefing* feito pelo Papa para Michelangelo a respeito da última ceia. A história reflete situações comuns nas diversas agências de publicidade.

BRIEFING ruim... ou não? Disponível em: <http://www.youtube.com/watch?v=FY2knDgfCNk>. Acesso em: 8 jun. 2011.

Síntese

Neste capítulo, conhecemos as principais dicas para se montar um *briefing* adequado a cada situação. Vimos também os principais pecados que devemos evitar e os tópicos obrigatórios a serem desenvolvidos na confecção de um *briefing* completo.

Questões para revisão

1) Quais são os principais pecados cometidos em alguns *briefings* e quais os problemas que eles trazem?

2) O que significa usar de clareza e de informalidade no texto do *briefing*?

3) Qual é a principal utilidade do *briefing*?
   a) O *briefing* é o documento que serve de roteiro para a consecução das tarefas dentro da agência.
   b) O Atendimento o utiliza para provar que visitou o cliente.
   c) É bom para centralizar todas as informações coletadas durante a campanha.
   d) Serve como uma ferramenta de controle do que foi realizado.

4) Selecione a alternativa que **não** contém tópicos comuns a todos os *briefings*:

a) Público-alvo, produto, serviço, objetivo, cronograma.
b) Obrigatoriedades, verba, estratégias sugeridas, mercado.
c) Concorrência, produto, verba, amostra do produto.
d) Serviço, obrigatoriedades, público-alvo, estratégias sugeridas.

5) O texto do *briefing* deve ser:
a) extremamente detalhado.
b) prolixo e rebuscado.
c) curto e rápido.
d) claro e objetivo.

6) Na sugestão de caminho criativo que consta no *briefing*, é importante:
a) ser imparcial para não influenciar o trabalho da Criação.
b) e interessante não colocar nada.
c) descrever as sugestões da equipe que trabalha com comunicação no cliente.
d) sugerir os caminhos a partir do que foi coletado de informações com o cliente.

7) As informações que vão no *briefing*:
a) são úteis somente para o pessoal da Criação.
b) servem como um guia de visitas ao Atendimento.
c) funcionam com base de trabalho para todos os setores da agência.
d) são essenciais para a confecção do relatório de trabalho do Mídia.

capítulo 8
Ferramentas de mídia

Conteúdos do capítulo:
- Opções de mídia a serem usadas nas campanhas publicitárias;
- Avaliação do público-alvo de cada mídia;
- Possibilidades de utilização do veículo escolhido;
- Linguagem, criação e verba gasta em uma campanha.

Após o estudo deste capítulo, você será capaz de:
- avaliar e escolher o melhor meio para cada campanha publicitária;
- aproveitar de maneira adequada os formatos e possibilidades de cada mídia;
- planejar campanha cruzada ou *mix* de mídia para promover determinado produto.

Capítulo 8

Atualmente, há uma infinidade de possibilidades e meios para se fazer divulgação, estímulo ao consumo ou mesmo apresentação de produtos e serviços, utilizando as estratégias de comunicação publicitária. A eficiência de cada campanha acaba se concretizando por meio da combinação e da escolha dos veículos de informação. McLuhan (1995), numa visão do futuro, já dizia que "o meio é a mensagem". Para o filósofo canadense, os meios de comunicação e de transmissão da informação acabam por dar sentido e significado às mensagens veiculadas. Por essa razão, o cuidado em escolhermos as mídias adequadas a cada campanha deve ser contínuo. Isso porque **a escolha da mídia influencia diretamente na mensagem que se quer transmitir e, consequentemente, nos resultados que se quer alcançar.**

Definir os melhores meios para transmitir a mensagem significa levar em conta o conhecimento de diversas variáveis. Na hora de escolhermos a mídia, a segmentação do público-alvo, a verba disponível, o alcance da campanha e os objetivos específicos são alguns dos dados que fazem a diferença nesse processo. A partir dessas informações, é possível traçarmos um conjunto de estratégias e analisarmos os veículos que fecham o pacote informacional para essa campanha, de modo que traga os melhores resultados na equação investimento *versus* retorno.

Neste capítulo, será abordada a especificidade de cada mídia, dando dicas e orientações a respeito do que influencia a escolha de cada uma e oferecendo ainda opções de formatos de utilização. A ideia é mostrar o que pode ser feito e em quais situações essas mídias podem ser as melhores opções.

8.1 Televisão

A televisão é considerada a vedete das propagandas porque faculta utilizar imagem, som e movimento ao mesmo tempo. Isso significa que os argumentos de convencimento e o próprio envolvimento emocional que precisamos impor em algumas campanhas têm espaço e meios diversos para serem expressos. Essa variedade de opções acaba por favorecer o melhor desenvolvimento criativo. Contam-se histórias, produz-se cinema mudo, mostram-se conceitos que os olhos precisam comprovar, e tudo isso em meio à aura de *glamour* que sempre acompanhou o veículo.

O índice de penetração da televisão nos lares e nos grupos sociais só perde para o rádio. Isso acontece porque o rádio pode ser ouvido ao mesmo tempo em que se faz alguma atividade. Já a televisão precisa de atenção exclusiva, e este é um dos argumentos que a defendem como um dos meios mais convincentes.

8.1.1 Público-alvo da televisão

A televisão é um dos meios considerados de massa. Massa porque atinge números altos de público sem, necessariamente, filtrar determinados tipos de perfis. Ainda no alcance regional, o número de lares atingidos é sempre contado em milhares e, se multiplicarmos isso pelo número de pessoas que residem em uma casa, podemos ver o vulto de atuação desse meio.

Mesmo sendo um veículo de massa, há a possibilidade de segmentação de público-alvo com base no estudo da grade de programação de cada emissora. Dessa forma, o profissional responsável pela mídia tem condições de indicar os melhores horários ou intervalos para atingir o seu público ideal. É por essa razão que não se vê propaganda de cerveja nos intervalos de programas infantis e é nos intervalos de novela que se notam as principais chamadas de produtos para o público feminino.

A interatividade proporcionada pelos canais de interação (telefone e internet) para participação do público tem ajudado a medir de maneira mais próxima a variação das preferências.

8.1.2 Possibilidades de utilização

A propaganda veiculada nos intervalos de programas, que pode durar de 15 a 60 segundos, é conhecida como *comercial*. Outra maneira de promovermos um produto, serviço ou marca na televisão é o *merchandising*, modalidade bastante comum. Nesse caso, um produto é promovido e inserido em um contexto de programação, como a novela. Quando vemos num capítulo a mocinha utilizando um creme para o rosto, de modo que se mostra claramente a marca da empresa fabricante, estamos fazendo *merchandising*. Ele também acontece quando, num programa de auditório, há demonstrações de produtos ou ofertas especiais.

Outra maneira interessante de usar a TV para promoção de marcas é o patrocínio a um programa específico. Quando uma determinada marca apoia ou patrocina um programa, é importante lembrarmos que ela alia a sua imagem à imagem do programa. Por isso, um estudo detalhado do público-alvo e do conteúdo do programa deve ser feito pelo Mídia.

8.1.3 Criações/linguagem

As possibilidades que a TV fornece para a criação de comerciais são vastas. Como vimos anteriormente, podemos utilizar som, imagem e movimento ao mesmo tempo para conseguir um efeito interessante para a estratégia. Mas esse meio exige uma linguagem **objetiva, direta e clara**. Não há tempo para longas e detalhadas explicações, por isso se priorizam estratégias que levem em conta o ditado que reza que "uma imagem vale mais que mil palavras".

8.1.4 Verba/custos

Em uma comparação isolada com as demais mídias, a TV pode ser considerada um dos meios mais caros de veiculação de anúncios. Quando falamos em veiculação de anúncios em televisão, quase sempre devemos prever a produção de um filme publicitário, o que inclui custos de equipe, roteiro, direção, produção, atores, cenários, enfim, toda uma estrutura para se produzir um filme. Além disso, dependendo do alcance estabelecido e do horário escolhido, os valores de veiculação variam muito, com proporção direta ao número de telespectadores atingidos. Essa informação é conseguida pelas avaliações das audiências feitas pelo Instituto Brasileiro de Opinião Pública e Estatística (Ibope) e, por meio delas, é possível determinarmos qual é o horário nobre (quando um número significativo de telespectadores está assistindo à programação em determinado período de tempo).

8.2 Rádio

O rádio passou por fases de descrença depois da enxurrada de mídias de massa com imagem (TV, cinema e internet). Contudo, o veículo passou por diversas transformações e buscou adaptar-se às novas demandas midiáticas, tornando-se, atualmente, lugar cativo no dia a dia do consumidor. As programações também mudaram ao longo da história, mas algumas vantagens que essa mídia oferece são exclusivas: **o rádio permite a instantaneidade da informação**. Isso quer dizer que, como fonte de informação atualizada, ele ainda figura como o mais rápido meio de comunicação. Não necessita de produção prévia das notícias, como ocorre com a TV e a internet. Uma simples ligação telefônica pode noticiar algo no mesmo instante em que acontece e, por isso, essa mídia continua sendo uma vantagem interessante em relação às outras. O rádio seria, assim, a opção dos que precisam saber das notícias em tempo real.

Outra característica exclusiva do rádio é a possibilidade de ele ser ouvido enquanto se trabalha, dirige ou realiza outras atividades. Do ponto de vista publicitário, esse hábito é ainda mais interessante, porque é difícil que alguém troque de estação, quando do intervalo comercial, enquanto está ocupado com alguma atividade.

8.2.1 Público-alvo do rádio

O rádio também pode ser considerado um veículo de comunicação de massa, porque atinge indefinidamente a todos os ouvintes, sejam estes empresários, donas de casa, velhos ou jovens, e isso em grandes abrangências. Há redes nacionais e locais, mas o alcance sempre é, no mínimo, de milhares de pessoas. Há, como na televisão, a possibilidade de realizarmos a segmentação de público, tomando por base os horários e da programação da grade. Assim, alguns *spots* de rádio podem ser focados em horários que, sabe-se por estudos, estão sendo mais ouvidos pelo perfil almejado de público.

8.2.2 Possibilidades de utilização

No rádio, as possibilidades de realização de promoção e divulgação vão desde o comercial ou *spot* de rádio, que pode durar de 15 a 30 segundos e é veiculado sempre nos intervalos dos programas, até os patrocínios de programas específicos que tenham similaridades conceituais com os produtos em questão. Há também a opção de trabalharmos em conjunto com promoções de rua, como as *blitze* realizadas pelas rádios jovens. O rádio possibilita, ainda, o *merchandising* quando o produto ou o serviço é usado como promoção de conteúdo ou de sorteios e premiações em concursos.

8.2.3 Criações/linguagem

A linguagem do rádio tem como base a oralidade; não há como mostrarmos visualmente o produto ou serviço oferecido. Esse condicionante exige uma elaboração criativa que cai mais para a descrição. Pelo som, devemos tentar emitir emoções e percepções de necessidades. Outro detalhe importante é a repetição. Como o rádio é essencialmente auditivo, o ouvinte utiliza-se somente de um sentido para gravar a mensagem e não conta com a possibilidade de voltar um pouco o programa para entender o que está acontecendo. É por essa razão que no meio de uma entrevista ouvimos diversas vezes: "Estamos aqui conversando com fulano de tal do tal lugar". Na hora de pensarmos em criações publicitárias, apelar para a repetição de telefones e para a criação de *jingles* que peguem na memória, isto é, sejam facilmente lembrados, mostra-se uma saída interessante.

8.2.4 Verba/custos

Os valores a serem investidos no rádio dependerão da quantidade de *spots* a serem veiculados e dos horários de inserções. Para os que não necessitam de um segmento de público específico, escolher pela veiculação rotativa – que coloca os *spots* em horários variados durante toda a programação – pode ser uma opção econômica. Os valores de patrocínio de programa e de *merchandising* também variarão de acordo com o veículo escolhido, o programa e os níveis de audiência.

8.3 Jornal

Os jornais são considerados mídia de massa devido ao alcance de tiragem ser contado em milhares e por não possuírem perfis muito definidos de público leitor. A conta que se faz sobre o alcance de público do jornal parte do número de exemplares comprados – entre banca e assinaturas – e se multiplica, pelo menos, por três pessoas, em razão de ser uma mídia de massa que passa de mão em mão. Com estudos a respeito do comportamento do público, podemos observar que no domingo – dia em que as pessoas possuem mais tempo para lê-lo – mais de seis pessoas folheiam o mesmo exemplar. Nesse meio, no Brasil, há a possibilidade de inserções em cores ou PB, podendo-se investir em formatos *standard* e tabloide (em sua maioria[*]), dando ao jornal vantagem sobre as outras mídias, apesar de as vozes do apocalipse tentarem dizer que a internet vai substituí-lo. A possibilidade de ser colocado embaixo do braço e ser levado para os mais diversos lugares torna-o a mídia preferencial para quem está em deslocamentos constantes, como executivos em ponte aérea. Outras vantagens frente à televisão e ao rádio são o espaço e o tempo utilizados para lê-lo. A busca de informações via

---

[*] Atualmente, está-se introduzindo o formato *berliner*, que é intermediário entre o *standard* (jornal com tamanho padrão) e o tabloide (equivalente à metade do tamanho padrão).

Capítulo 8

jornais corresponde à velocidade do leitor. Se este quiser, pode parar e continuar a ler em outro momento, algo impossível de se fazer com a televisão e o rádio. Além disso, o texto pode entrar em detalhes, dependendo do espaço ocupado.

8.3.1 Público-alvo

O público-alvo do jornal tem envelhecido segundo algumas pesquisas, ainda em andamento, lideradas por Meditsch (2006)[*]. Os jovens, em geral, têm optado por receber informações por outras mídias, como televisão, internet e revistas, ou mesmo não as receber. Há uma diminuição gradativa da leitura de jornal, mas isso não quer dizer que este meio está sendo substituído ou que vai acabar. Mas, quando pensamos em anunciar algo no jornal, é importante levarmos em conta que o público está ficando bem específico. Dessa forma, é recomendável consultar os estudos de mídia relacionados a cada veículo.

8.3.2 Possibilidade de utilização

No jornal, a área da promoção pode investir na publicação de anúncios, em geral, sejam coloridos, sejam em PB, dentro dos tamanhos propostos pelo veículo. Além disso, podem ser produzidos encartes ou cupons, os quais poderão ser trocados por brindes. Há, ainda, a opção de se publicar um informe publicitário, que é um texto muito similar a uma matéria jornalística, por meio do qual são explicitados os benefícios dos produtos e dos serviços dentro de um determinado contexto. Isso é particularmente indicado a produtos que estão sendo

---

[*] O Prof. Eduardo Meditsch é jornalista e um dos maiores pesquisadores brasileiros da área do jornalismo.

lançados ou que sofrem de algum preconceito já diagnosticado e que precisam de um trabalho de conscientização no qual se explique um pouco mais a respeito de suas vantagens.

8.3.3 Criações/linguagens

O jornal possibilita utilizarmos uma linguagem mais detalhada, além de fotos e documentos de comprovação. Seu mote principal é a **credibilidade**. Algumas táticas, como colocar o anúncio perto de uma reportagem jornalística sobre o mesmo tema, fazem com que o produto pegue carona na credibilidade fornecida pela matéria que a equipe do jornal produziu.

Há, atualmente, algumas iniciativas de se colocar os anúncios na própria capa do jornal, algo como uma capa extra. Outra opção é o anúncio-reportagem, que oferece e agrega informações ao leitor. Um exemplo recente foi uma companhia de telefonia celular que usou como mote sua presença em todo o território brasileiro e resolveu anunciar conteúdos sobre turismo em diversas regiões do país. Ela oferecia roteiros completos de turismo, finalizando com o *slogan* de que o celular da referida companhia funcionaria bem na localidade.

8.3.4 Verba/custo

Os valores que podem ser investidos em jornal variam de acordo com a cobertura e a quantidade de anúncios publicados. É importante lembrarmos que o jornal é diário, e que a exposição do produto/serviço/marca precisa ser feita com determinada frequência para trazer resultados interessantes.

8.4 Revista

Com as mesmas vantagens de mobilidade que o jornal oferece, a revista navega entre a classificação de mídia de massa e a segmentada. Isso porque revistas de cunho mais geral, como as de variedades e nacionais, possuem alcance de públicos variados, considerando-os de massa. Contudo, a grande maioria das revistas existentes é indicada para públicos segmentados, sendo que essa mídia cresceu bastante nos últimos anos. Tanto que, atualmente, podemos encontrar desde revistas específicas para quem gosta de pescar ou navegar, para quem vê no artesanato a possibilidade de ganhar mais dinheiro, para mulheres com perfil executivo, até as masculinas e as de viagens. Com custo normalmente maior, se comparado ao jornal, esse veículo possui a vantagem de apresentar uma periodicidade maior, variando de uma semana a um mês.

8.4.1 Público-alvo

A revista possibilita atingirmos um público mais segmentado, pois, por meio dela, é possível divulgarmos uma mensagem para um público predominantemente feminino ou jovem, ou que faz parte de determinado grupo social, obtendo-se um nível de efetividade maior. Tal como acontece com o jornal, o público leitor de uma revista é calculado de acordo com os números efetivamente distribuídos nas bancas e nas livrarias, bem como por meio de assinaturas. Uma mesma revista, no entanto, é lida por uma quantidade maior de pessoas, em comparação ao jornal. Basta pensarmos, por exemplo, na quantidade de pessoas que folheiam uma revista na sala de espera do dentista.

8.4.2 Possibilidade de utilização

A revista possibilita a utilização de anúncios coloridos, em tamanhos variados, que ocupam páginas ou mesmo a segunda capa estendida. Há ainda a possibilidade de utilizarmos filipetas* ou cintas** que sinalizem o leitor para ir direto ao anúncio. Encartes e livretos também são comuns e, com frequência, são distribuídas para assinantes amostras de produtos.

8.4.3 Criações/linguagem

A revista possibilita o aprofundamento dos argumentos para a divulgação do produto/serviço. Por ser um veículo com durabilidade maior que todos os outros, o trabalho que envolve mostrar os benefícios deve ser somado ao cuidado com as finalizações e os detalhes. Fotos, efeitos e textos bem elaborados são uma opção comum. Há também a possibilidade de publicação do informe publicitário, reportagem que esclarece benfeitorias do produto/serviço.

8.4.4 Verba/custo

Anunciar em revista torna-se uma opção atraente quando desejamos atingir um público mais segmentado. Os custos dependem de variáveis como periodicidade, tiragem, valor de produção, finalização do material impresso, alcance e durabilidade

---

* Filipetas são impressos usados para chamar a atenção do leitor para determinada página.

** A cinta envolve as páginas da revista como um cinto e é colada na página do anúncio, fazendo o leitor abrir a publicação diretamente no anúncio.

Capítulo 8

do veículo – chegando a durar mais de seis meses de circulação para algumas publicações mensais*. O tipo de papel e a finalização fazem com que esse meio seja vultosamente mais caro do que o jornal.

8.5 Cinema

Similar aos custos de produção e à linguagem de TV, o cinema pode ser considerado uma mídia eletrônica segmentada. De acordo com a classificação do estilo do filme, podemos supor qual será o tipo de público mais comum dentro daquela sala. Por essa razão, produtos e serviços para crianças serão mostrados antes de filmes infantis, e assim por diante.

8.6 Internet

Essa mídia eletrônica caçula deve ser tratada como mídia segmentada. A exposição aos *banners* e a possíveis promoções só acontece ao público que teve como intenção visitar aquele *website*. Assim, é uma total perda de tempo produzir *banners* ou filmes para veicular em *sites* que não sejam do seu público-alvo prioritário.

A linguagem de internet possibilita que o usuário leia mais a respeito de determinado assunto e busque mais informações caso se interesse. Assim, o desafio nessa mídia é conquistá-lo para que ele queira saber mais sobre o produto ou o serviço clicando nos *banners*.

---

* Calcula-se quanto tempo um exemplar de revista dura em média a partir da sua possível substituição por outro exemplar. Se formos analisar de perto, a revista é o veículo que mais dificilmente é jogado fora, servindo de leitura durante muito tempo depois de sua publicação.

Por essa razão, as estratégias e os *softwares* utilizados estão abusando de movimentos, animações com som e textos mais agressivos.

Além dos *banners* colocados nos *sites*, uma forma interessante de divulgar/informar são o *e-mail marketing* e o *newsletter* eletrônico. O *e-mail marketing* é um anúncio enviado para um grupo de pessoas cadastrado em banco de dados previamente selecionado. Isso significa segmentação de público. O *newsletter* é o envio de notícias da empresa/marca com a finalidade de manter seus clientes atualizados sobre as novidades da empresa, como lançamentos de produtos e serviços.

Aqui cabe um comentário útil a respeito da utilização de *spam*. Spam é o *e-mail marketing* ou *newsletter* eletrônico enviado sem a permissão do cliente. Trata-se de invasão de privacidade enviar *e-mails* comerciais ou promocionais sem que o cliente tenha previamente aceitado receber informações sobre a empresa. Não é considerado *spam* o primeiro envio acompanhado da mensagem de retirada de *e-mail* do banco de dados. Por exemplo: para não ser considerado *spam*, o *e-mail marketing* precisa ter na sua borda inferior algo parecido com a seguinte mensagem: "caso não tenha aceitado o recebimento desta informação ou não queira receber mais *e-mails* promocionais desta empresa, clique aqui". Esse clique deve retirar o *e-mail* desse cliente do banco de dados. É importante que esse mecanismo funcione, sob pena de a imagem da empresa ficar seriamente comprometida caso o cliente sinta-se importunado com *e-mails* frequentes. Aí o feitiço vai virar contra o feiticeiro. O *e-mail* que era para promover pode deplorar o produto/serviço.

8.6.1 Redes sociais

A febre atual da divulgação de produtos pela internet é o que pode ser chamado de *publicidade* ou *marketing transversal*. Com custos muito acessíveis – as produções para a internet não demandam grandes verbas – as proposições realizadas em redes sociais como o Orkut e o Facebook, no *microblog* Twitter e o *site* de *upload* de vídeos Youtube, mostram uma infinidade de opções de promoções de produtos na reunião de diversos grupos específicos de clientes e *prospects* segmentados. Seguindo a lógica de segmentação do *marketing* direto, os sistemas de redes sociais congregam em comunidades e preferências indivíduos que possuem as mesmas crenças, atividades e opções de consumo, os mesmos gostos. Dessa maneira, torna-se fácil e certeiro atingirmos os grupos adequados de pessoas que estarão mais afeitas ao consumo de determinados produtos, conquistando-se resultados interessantes. Um dos conceitos mais utilizados dentro dessas redes é o do *marketing* viral. Como um vírus, a informação pode se espalhar facilmente entre grupos específicos de consumidores. O início se dá como uma gripe: posta-se um vídeo demonstrativo ou conceitual no Youtube, linka-se esse vídeo a uma página preferencial de uma das redes sociais e se comunica a colegas e outros "amigos" dessa rede o conteúdo proposto. Um "amigo" acaba enviando para outro, que envia para outro, e assim a ideia se espalha. Muitas empresas estão propondo a elaboração/construção de perfis institucionais dentro das redes sociais para ter relação mais direta com seu público. A partir desse conceito, há um espaço institucional em que qualquer consumidor de qualquer região tem acesso a promoções e notícias em primeira mão. O reforço ao sentimento de pertença se dá dessa maneira quando os usuários "curtem" determinada empresa ou produto e se tornam parte do grupo que consome/ gosta daquela marca.

Já pelo *microblog* Twitter é possível propormos lançamentos de produtos e seguirmos a satisfação dos clientes e públicos *prospects* em relação a determinado produto, serviço ou mesmo instituição. As notícias ou pequenos comentários de até 140 caracteres podem revelar o humor do usuário, os desejos, os sonhos e as possibilidades de consumo e de relacionamentos. As opções de promoções ou mesmo possibilidades de usos são infindáveis. Desde sorteios, enquetes, entrevistas, mapeamento de palavras-chave e opiniões variadas, é possível divulgarmos e nos relacionarmos com o possível cliente. Mas é importante também mantermos um serviço ou uma equipe atenta a essas flutuações do consumidor, pois é comum o cliente usar esse canal para reclamar de quando não foi bem tratado ou quando o produto não o satisfez. Dessa maneira, estudar bem a mídia e todas as possibilidades é importante antes de começarmos a usá-la, pois a falta de tato ou mesmo de conhecimento adequado pode fazer com que algo não muito adequado seja espalhado aos quatro ventos com a rapidez de um vírus.

8.7 *Outside* mídia

Não há um consenso entre os autores na hora de classificar a mídia de *out home* ou *outside* como de massa ou não. Enquanto uns concordam com a classificação, outros argumentam que, embora atinja um público grande e diversificado, ela possui um local de exposição já definido, pensando-se no tráfego de um tipo de público específico. Discussões conceituais à parte, o grupo de mídias considerado externo utiliza-se de uma linguagem curta e direta, além de imagens de impacto. Também já foram utilizadas inovações interessantes, como criações tridimensionais ou as que utilizam a própria mídia para exprimir a mensagem.

Exemplo disso foi o biquini gigante vestindo os *outdoors* numa campanha de refrigerante ou o *frontlight* propositalmente quebrado e caído no chão para sensibilizar as pessoas a respeito do tema *desmatamento*. A mensagem (que só pode ser lida pendendo-se a cabeça de lado) dizia: "Se fosse uma árvore tombada você não teria percebido".

Enfim, a *outside* mídia tem como objetivo sensibilizar os passantes motoristas, pedestres ou passageiros. Normalmente, é utilizada como apoio às mídias eletrônicas.

Vale ressaltarmos que existem diversas opções de *outside* mídia que se utilizam da criatividade de locais específicos, como o envelopamento de edifícios, veículos automotivos, muros, fachadas etc. para promover produtos. Uma inovação é o outdoor em 3D*, que constrói um cenário em movimento na rua.

Mas, em contraponto a essa profusão criativa, está a discussão – que não é nova – a respeito da poluição visual das grandes cidades. Algumas cidades brasileiras têm estabelecido leis que regulam o uso de espaços externos das cidades para a publicidade. O argumento é que as propagandas têm desfigurado a estética urbana. Há diversas leis municipais que estabelecem restrições à publicidade em *outdoor*

---

* Você pode conferir no Youtube algumas das opções para *outdoors* em 3D.

ou que a proíbem em determinados espaços. Na hora de criar, é importante nos informarmos a respeito dessa regulamentação*.

Entre as *outside* mídias estão:

Outdoor

Normalmente medindo 9×3 m, e até bem pouco tempo atrás somente contando com quadros de papel, o *outdoor* é a mídia externa mais barata. O *outdoor* de papel colado é produzido em gráfica e seu valor de produção varia de acordo com a quantidade de cores. Essa opção tem duração máxima de duas semanas. Mais recentemente, há o uso de grandes lonas impressas – o *plotter* – que são amarradas no formato de *outdoor*. O *plotter* normalmente é criado em cores e tem a durabilidade estendida por meses. Sua produção é mais cara, se comparada à de papel, mas é a mais recomendada em veiculações que demandam mais tempo de exposição.

Frontlight

Essa é a versão do *outdoor* e de outras placas que possuem iluminação de lâmpadas localizadas na parte frontal. Sua produção também conta com o uso de *plotter*, e a periodicidade do seu aluguel é mensal. Normalmente, seu valor é três vezes mais caro que o do *outdoor*.

---

* Para obter mais informações a respeito da Lei nº 6.938/1981, que dispõe sobre a política nacional do meio ambiente, consulte o *site*: <http://www.planalto.gov.br/ccivil_03/Leis/L6938.htm>.

Backlight

Com diversos tamanhos, o *backlight* possui *layouts* impressos em materiais translúcidos e é iluminado por dentro. Esse tipo de *outside* mídia é uma boa opção para a manutenção de marcas ou mesmo promoções que possibilitem ou exijam impacto visual. O preço é, em média, três vezes mais caro que o *outdoor*, e a duração do aluguel normalmente é mensal.

Mobiliário urbano*

Algumas cidades contam com empresas de mobiliário urbano que possuem convênio com as prefeituras. Estas fazem concessões da exploração publicitária de alguns espaços da cidade e dos equipamentos públicos, sendo que a manutenção desses equipamentos corre por conta da empresa exploradora. Dessa forma, pontos de ônibus, relógios, estações de internet e sinalizações em geral transformam-se em espaços de divulgação publicitária. A iluminação é interna (*backlight*), e o prazo de veiculação é de uma semana. O valor é um dos mais caros das *outside* mídias.

Placa de rua

Outra concessão de prefeituras são as placas de esquinas de rua. As placas que sinalizam os nomes de ruas recebem cuidados da empresa concessionária em troca da exploração publicitária. Em 74×80 cm, 70×45 cm ou 75×40 cm, nas mais diversas esquinas, podem ser

---

* Veja exemplos de mobiliário urbano em: <http://www.clearchannel.com.br/produtos/produtos.htm> e <http://www.jcdecaux.com.br>.

promovidos produtos, serviços e marcas, com valores acessíveis e veiculação mensal.

Busdoor ou taxidoor

A versão do *outdoor* produzido em *perfurade*[*] e aplicado nos vidros traseiros de ônibus e táxis oferece o movimento como vantagem. Circula pela cidade impactando em diversos e variados públicos. Os valores são similares aos do *outdoor*, e o prazo de exposição é mensal.

8.8 No mídia

Há ainda uma série de estratégias que são normalmente utilizadas com os anúncios na mídia. Elas são chamadas de *no mídia* por não se utilizarem dos meios de comunicação de massa para se desenvolverem. Direcionam-se a públicos segmentados e possuem um formato um pouco mais assertivo, mais direto do que as que se utilizam da mídia. Entre elas estão:

Promoção de vendas

Normalmente realizada no ponto de vendas, a promoção de vendas utiliza-se de descontos, venda casada, miniconcursos ou eventos para promover, lançar ou apresentar determinado produto ou serviço. Um bom exemplo é o sabão em pó que, em promoção, vem com um detergente grátis ou um produto

---

[*] O *perfurade* é um adesivo perfurado que permite a visibilidade de um lado e a impressão do *layout* promocional do outro.

vinculado ao modelo "compre 2 e leve 3". A inserção de novos produtos por um preço muito abaixo do praticado no mercado também é uma estratégia promocional de vendas que objetiva a sua implantação ou a sua apresentação ao consumidor.

Degustação

Comum em supermercados, a degustação é o oferecimento gratuito de um produto, normalmente de gênero alimentício, para que o cliente experimente. Essa estratégia é utilizada quando uma marca quer introduzir algum produto no mercado, quando se quer propor uma nova forma de consumo ou quando se quer estimular uma mudança de hábitos de consumo.

Distribuição de brindes

Quem não gosta de ganhar algo? A manutenção de marcas ou mesmo o estímulo ao consumo de algum produto passa pela distribuição de camisetas, bonés, canetas, CDs de música, entre outros. Importa ressaltarmos que o produto/brinde precisa ter conceito de utilização coerente com o que a marca pretende fixar na mente dos clientes. Por exemplo, uma escola distribuir garrafinhas de água com sua marca ou determinada empresa de protetor solar distribuir guarda-sóis.

Concursos ou sorteios

Os concursos e os sorteios visam promover o consumo de determinados produtos e o estímulo à lembrança da sua marca. Nessa linha estão o envio dos códigos de barras para um determinado endereço para sorteio ou os concursos culturais. Esse tipo de promoção trabalha com o ego do cliente, que pode vencer o concurso ou ganhar o sorteio.

8.9 Eventos

Os eventos são excelentes opções de se aliar uma aura positiva, de divertimento ou mesmo de confraternização à marca ou ao conceito do produto. Entre as opções, estão desde o apoio e o patrocínio a *shows* musicais ou de humor, até performances ou campeonatos esportivos. Lançamentos, inaugurações, noite de autógrafos, palestras, feiras, aniversários do produto ou da empresa também são boas opções de eventos promocionais. Numa instância menor, podemos citar os luaus, as *raves* e as *blitze* e promocionais[*]. As opções atuais são bem numerosas.

8.10 *Marketing* direto

As estratégias de *marketing* direto viraram a menina dos olhos de muitas empresas nos últimos anos. Tanto que muitas agências fundaram suas próprias agências de *marketing* direto ou *marketing one-to-one*. Esse tipo de estratégia procura resolver muitos dos problemas da saturação do mercado publicitário em termos de estratégias. Aliado a bons planejamentos de propaganda, o *marketing* direto pode trazer como resultado verdadeiros milagres.

Mais trabalhosa do que uma campanha publicitária, uma campanha de *marketing* direto ou de relacionamento prevê um processo completo – com começo, meio e manutenção – de

---

[*] As *blitze* promocionais são similares às feitas por policiais. Elas funcionam na rua, parando o tráfego de carros para premiar transeuntes e motoristas.

construção de laços com o cliente. Na maioria das vezes, começa com a formação de um banco de dados detalhado a respeito do perfil dos clientes, da segmentação desse público em níveis de valor de compra, ou frequência de compra, ou por afinidade em *hobbies* ou profissão etc. Como último passo, possui o estímulo ao relacionamento com esses públicos específicos de maneira diferenciada e exclusiva, objetivando a premiação dos bons clientes e a fidelização. O *marketing* de relacionamento é resultado da premissa que reza que é mais fácil manter um cliente antigo do que conquistar um novo. Trabalhar com relacionamento exige, além de muita criatividade, um profundo conhecimento das necessidades do cliente e de seu perfil. Os questionamentos que seguem representam algumas das perguntas que devem ser respondidas:

- O que ele prefere ganhar de prêmio?
- Como se pode surpreendê-lo para que continue comprando?

Shopping centers de diversas localidades do País estão investindo na diversificação da mídia entre a propaganda de massa e as estratégias de relacionamento, tendo bons resultados com essa dobradinha.

No geral, as lojas se juntam para trabalhar em conjunto a fidelização. Um dos bons exemplos desse *marketing* é o programa de fidelização, uma febre nos últimos anos. Além de trabalhar com o sentimento de pertença do cliente a um seleto grupo que possui o cartão de fidelidade, esse tipo de programa recompensa os bons clientes. Isso tudo com base em um estudo profundo do banco de dados, emitindo-se os relatórios sobre os níveis de compras. Os veículos utilizados envolvem o envio de malas-diretas, convites e brindes pelo correio tradicional ou pelo correio eletrônico (*e-mails*).

A particularidade desse tipo de comunicação consiste na linguagem utilizada. Esses materiais contêm o nome completo do cliente, citado diversas vezes, e o texto possui um caráter praticamente pessoal, como uma carta, dando conotação de exclusividade tanto no assunto – mostrando que se sabe que o assunto é de interesse do cliente – quanto na linguagem familiar. Algo como: "Fernando, sabemos que você conquistou seu sonho no último mês com o pagamento final do financiamento da sua moto. Por isso estamos felizes...". Em resumo, o *marketing* direto é uma maneira de transportar todo o sentimento familiar e próximo que existia entre cliente e comerciante nas antigas mercearias para as cifras de milhares de clientes. Antes, o cliente era tratado por D. Maria da esquina, hoje é a D. Maria do cartão Gold, com a mesma reverência.

Estudo de caso

Dê uma volta pela sua cidade. Fotografe ou anote as *outside* mídias que você encontrar e analise os textos e os argumentos utilizados. Elabore textos similares para promover a venda de uma caneta esferográfica.

Para saber mais

O livro *Redes sociais na internet*, de Raquel Recuero, é uma boa indicação para os que querem entender um pouco mais sobre como os atores sociais (usuários) lidam com o fenômeno da explosão de redes sociais.

>RECUERO, R. **Redes sociais na internet**. 3. ed. Porto Alegre: Sulina, 2010.

Síntese

Neste capítulo, conhecemos a maioria das possibilidades midiáticas que podem ser usadas em uma campanha. Essas possibilidades vão desde *marketing* direto, redes sociais, cinema, rádio, TV e até jornal e *outside* mídia, além de ser possível criar outras formas de utilização de ferramentas de mídia com as informações sobre verbas, linguagens, formatos e público-alvo.

Questões para revisão

1) Em uma situação específica, em que seja preciso alcançar o maior número de pessoas, de diversas faixas etárias, para uma campanha de saúde, qual seria o veículo que você usaria e por quê?

2) As redes sociais têm sido o centro de muitas discussões e base de muitas campanhas que gastam pouco dinheiro. Quais são as possibilidades de uso dessas redes nos dias atuais para se promover uma marca?

3) No suporte televisivo, o que é *merchandising*?
   a) É a promoção de um produto ou serviço inserido num programa.
   b) É quando a mocinha do filme chama para os comerciais.
   c) É o comercial de TV propriamente dito.
   d) É quando se pode vender o produto pela TV.

4) Assinale a alternativa que coloca em ordem crescente os veículos em relação aos custos de produção, em uma comparação de um para um (anúncio veiculado):
   a) TV, rádio e jornal.
   b) *Outside* mídia, rádio e televisão.
   c) Jornal, rádio e *outside* mídia.
   d) É relativo – o preço vai depender da frequência de veiculação.

5) Das *outside* mídias, qual(is) recebe(m) iluminação por dentro do quadro de *layout*?
   a) *Backlight* e placas de rua.
   b) *Outdoor* e mobiliário urbano.
   c) *Frontlight*.
   d) Mobiliário urbano e *backlight*.

6) Quais das táticas promocionais que seguem é frequentemente realizada em supermercados?
   a) Distribuição de brindes.
   b) Demonstrações.
   c) Degustação.
   d) *Blitz*.

7) Por que o *marketing* direto é considerado uma estratégia de comunicação segmentada?
   a) Porque estudos podem sinalizar que tipo de cliente recebeu o material.
   b) Porque se segmenta o público-alvo da campanha.
   c) Porque é realizado a partir de um banco de dados dos perfis dos clientes.
   d) Porque depende de como o cliente vai recepcionar o material.

capítulo 9
A criação

Conteúdos do capítulo:
- Dicas específicas sobre como motivar o pensamento criativo;
- Criação em *marketing* direto.

Após o estudo deste capítulo, você será capaz de:
- montar sua caixa de ideias para alimentar os processos de criação;
- desenvolver técnicas para criar melhor;
- ajudar colegas de profissão a serem mais criativos.

Capítulo 9

Para falarmos a respeito de criação ou do processo criativo na agência, é impossível não fazermos alguns comentários sobre as contingências e a atmosfera que englobam esse trabalho. O *glamour* que envolve as áreas da comunicação, tanto no jornalismo, nas relações públicas, quanto na publicidade, nunca foi grande conselheiro. Até porque, muitas vezes, ele pode cegar.

Na publicidade, a aura que envolve as grandes conquistas, as ideias brilhantes de soluções para o negócio do cliente e as constantes premiações das campanhas mais criativas muitas vezes ofuscaram a verdadeira missão do publicitário: **ajudar o cliente a ter sucesso no negócio dele.**

Há, não se pode negar, diversas agências que já entenderam que seu papel é o de estrategista do cliente, e que a criação é uma das etapas do processo de construção de soluções – não a mais importante e nem a única.

O Clube de Criação do Paraná promoveu há algum tempo uma série de discussões e debates para analisar uma possível crise da área. Os próprios criativos avaliavam as criações como pasteurizadas e sem brilho, sempre com as mesmas fórmulas, e culpavam os clientes pelas aprovações de ideias sempre iguais. No segundo *round* de debates, foram chamados os diretores de *marketing* de companhias de peso da região, mas poucos criativos estavam presentes. Era a hora da revanche. Os clientes culpavam os criativos de não pensarem em resultados, de não saírem da agência, do seu mundinho, para dar uma boa olhada no mercado e no que anda acontecendo no dia a dia do cliente.

Realmente, essa é uma questão que precisa ser avaliada com profundidade. O cliente pode até ficar feliz ao ver sua campanha premiada em algum concurso legal, em Cannes, por exemplo. Mas o que ele sempre quis desde que contratou a agência e tem como foco são os resultados desse processo, de modo que sejam traduzidos em lucros, em mais vendas, em imagem, em estabelecimento de marca ou em outro ganho subjetivo.

A questão traz à tona um problema de identidade que os criativos têm enfrentado: Criar para quê? Para ganhar prêmios ou para trazer resultados vultosos para o cliente? O desafio está bem à frente, porque nenhum criativo acha divertido fazer uso das mesmas fórmulas para produzir as peças, mesmo que elas sejam consagradas e se tenha certeza de que podem render resultados positivos. Há de convir que nenhum cliente está disposto a despender grandes somas de dinheiro para fazer experiências com base em maluquices dos criativos. Dessa forma, o desafio é criarmos algo inovador que traga resultados, mas isso só acontece quando as inovações partem de uma boa leitura do mercado, quando trazem referências claras dos resultados que podem ser alcançados e quando a venda da ideia vier recheada de argumentos bem plausíveis a respeito dos resultados que toda aquela sacada trará aos bolsos do cliente.*

9.1 Criação se aprende?

Barreto (1994) afirma que quem quer trabalhar com criação precisa saber se é criativo ou não. Para o autor, uma pessoa nasce com o talento para criar. Nada contra, mas sua visão ainda se baseia muito no romantismo da atividade, na qual havia dias ruins, em que nada se criava, e outros em que ideias brilhantes pulavam na cabeça do profissional.

Nos dias atuais, as necessidades de uma agência em cumprir prazos cada vez menores, somadas à dinâmica do mercado, fazem com que a área da Criação seja uma das que mais sofrem com o corre-corre. Não se tem mais aquele tempo, aquele momento sublime, quase celestial, em que se podia criar. Em algumas situações, é necessário fabricarmos ideias como em uma produção em série de peças automotivas. É óbvio que não podemos resumir o processo criativo a mais uma etapa qualquer de construção de estratégias de uma campanha, mas se tem exigido do profissional de criação uma resposta mais rápida e menos glamorosa ao processo criativo. Assim, é importante que o

---

* O décimo capítulo trata dessa questão de apresentação da campanha ao cliente.

profissional da Criação cerque-se de dicas e comportamentos que, de alguma forma, o ajudem a estabelecer algumas fontes de ideias e a manter um cotidiano criativo.

Há pessoas que nascem criativas? Sim, é claro que há, mas isso não é nenhum problema para aqueles que não foram brindados com a marca da criatividade ao virem a esse mundo. Claro que o perfil de personalidade pode ajudar nesse processo, mas muitos pesquisadores já chegaram à conclusão de que manter um comportamento criativo é ainda mais importante do que deter o talento. Isso quer dizer que quem não nasceu com uma luz dourada envolvendo a cabeça pode, sim, ser um bom profissional da criação, mas precisa alimentar esse comportamento de maneira contínua. Aqui são apresentadas algumas dicas que podem ajudar a construir essa rotina criativa.

9.2 Informação é tudo

Informação e conhecimento de mundo são matéria-prima para quem precisa ter sempre novas ideias. Sabe aquela máxima que diz que "nada se cria, tudo se copia"? Pois quem teve essa percepção quase entendeu como o ser humano acaba criando novas saídas para seus problemas – só foi um pouco radical. As coisas não são sempre copiadas, mas sim misturadas, colocadas no liquidificador e, por meio de associações e tentativas, saem totalmente diferentes do original. Há, mesmo na publicidade, os tais "sugadores de ideias". Existem também textos engraçadíssimos na internet de publicitários que resolveram proteger suas ideias como um segredo de Estado para evitar que sejam usadas por outrem. Sim, sigilo em algumas situações é necessário, até por uma questão de competitividade de mercado, mas ficar remoendo a teoria da conspiração de que todo mundo anda copiando a sua ideia é perder tempo. A questão é simples: sempre haverá, nem que seja do outro lado do mundo, alguém que teve uma ideia parecida ou similar a sua. E isso não significa que alguém copiou de alguém. Significa que todos estão usando a mesma matéria-prima, isto é, o mundo. Assim, o importante disso tudo não é você descobrir se há alguém usando a sua ideia, mas ter a consciência tranquila de que tem condições de ter a sua própria ideia.

A busca frequente de informação pode ajudá-lo na criação. Mas essa informação precisa vir em quantidade e variedade. É importante que o criativo tenha em mente que tudo pode ser fonte de inspiração: pescaria, gibi, bula de remédio, novela, livros de literatura, "causos" contados nas esquinas, cafezinho do intervalo, filmes épicos e também porcarias cinematográficas, enfim, tudo. Tudo a que você tiver acesso. Um amigo criativo adorava visitar fábricas. Ficava impressionado em ver como o ser humano se organiza para produzir seus bens. Conhecer plantações de flores, lixões, lugares e costumes diversos, experimentar receitas e pratos regionais, ler, ouvir, ver muito e estar aberto a contatos dos mais diversos também são boas formas de alimentar uma bagagem interessante de informações que serão terra fértil para grandes ideias. Lembre-se de uma draga, pois é mais ou menos assim que você deve se comportar.

9.3 Foco no cliente

Outra boa dica para ser um bom criativo, principalmente para seu cliente, é saber tudo sobre o negócio dele. Não se satisfaça lendo e relendo o *briefing* que o Atendimento entrega. Vá atrás de mais. Converse com o pessoal do Planejamento, com o pessoal da pesquisa, veja as campanhas dos concorrentes do cliente, além daquelas já realizadas por este, e não deixe de visitá-lo pelo menos uma vez para entender como ele pensa e o que é importante para ele. Sei que essa não é sua função, mas, em se tratando da pessoa que vai dizer sim ou não para o seu trabalho, é sinal de esperteza procurar entender a fundo os seus ideais e compreender quais os motivos que o fazem agir ou pensar daquela maneira.

Depois, leve essas impressões na hora de criar. Coloque-se no lugar dele. Não com a ideia simplista de fazer algo para agradá-lo e conseguir logo a aprovação da campanha e pronto, mas no lugar dele como empresário, com a bagagem do que já deu certo e do que não deu, com a possível descrença em

algumas possibilidades e com as mesmas necessidades e anseios. A partir daí, você estará buscando uma solução criativa para trazer resultados para o cliente, mesmo não sendo a mais brilhante e inovadora de todas. Afinal, o objetivo é buscar resultados de maneira criativa.

9.4 Pense diferente

Essa dica é a mais presente nos manuais de criatividade e nos milhares de *slides* com mensagens motivacionais enviados todos os dias por *e-mail* para se desejar um bom dia. Normalmente, eles vêm com conselhos do tipo "mude seu trajeto de casa para o trabalho, a padaria que frequenta" ou "varie seus costumes em casa, invertendo o lado de se dormir na cama"; enfim, altere seu dia a

dia para que não se torne rotina. Uma pesquisa interessante descobriu que o cérebro não identifica como um evento o que se está acostumado a realizar, e a sensação de que o tempo passa rápido todos os dias vem desse mecanismo. As pessoas acabam não percebendo, ou melhor, não saboreando as atividades do cotidiano porque elas já foram assimiladas pelo cérebro como tarefas para as quais não se precisa pensar. Isso quer dizer que podemos ter a percepção de que o tempo passa mais devagar quando quebramos essas tarefas e construímos outros procedimentos no cotidiano. A atividade que exercita a criatividade é bem essa: **alterar os procedimentos considerados padrões, inserindo inovações nas ações.** Isso inclui resolver o mesmo problema de sempre de uma maneira inusitada ou acabar com aquela história de previsibilidade nas reações e nas atitudes. Isso não quer dizer anarquia, mas tentar sempre uma segunda possibilidade, um plano B.

9.5 O *brainstorming*

Como vimos anteriormente, essa é uma das técnicas mais usadas para a discussão de soluções nas organizações e, em geral, está muito presente no cotidiano das agências de publicidade. Ela normalmente acontece reunindo Atendimento, Planejamento e Criação quando se necessita passar um *briefing* para a equipe. O *brainstorming* consiste em se colocar o problema específico no centro da discussão e procurar soluções para resolvê-lo. Estas precisam ser propostas sem julgamento prévio e abarcar todas as associações mentais que se fizerem no momento, isto é, tudo, esdrúxulo ou não, pode solucionar o problema.

Um exemplo: imagine que o desafio foi colocado por um fabricante de sucos de uma determinada região que quer vender 10% a mais pegando parte do mercado do concorrente. Isso significa que pessoas que consomem o produto da concorrência precisam mudar a sua preferência.

Partindo dessa problemática, há diversos caminhos que podem ser seguidos, desde os mais óbvios até os mais malucos. Coloque-os todos na mesa:

- fazer uma pesquisa e perguntar aos consumidores por que consomem A e não B;
- propor algumas semanas de degustação em lugares de movimento para o pessoal entender que B é melhor que A;
- criar um evento no qual somente o suco B está sendo ofertado;
- negociar *stands* mais interessantes para vender B no supermercado;
- oferecer prêmios a quem comprar B e mandar os códigos de barras dos produtos para um determinado endereço;

- promover atividades que mostrem como o suco B pode ser inserido no dia a dia das pessoas, criando encontro com públicos específicos, como donas de casa, ou ensinando receitas, ou com pessoas que moram sozinhas, mostrando que o suco é mais prático, ou oferecendo serviços especiais, como leva e traz em mercados para idosos;
- promover uma chuva de suco nas escolas a partir de uma gincana;
- baixar o preço de venda do suco B;
- contratar médicos e nutricionistas que farão palestras em cima de um trio elétrico sobre os benefícios de se tomar o suco B;
- patrocinar um *talkshow* na tevê no qual os participantes – sempre atores jovens e atléticos – nadariam no suco quando perdessem o jogo; ou propor uma competição para isso;
- criar um bonequinho mascote de pelúcia para ser entregue na casa do consumidor mais frequente de suco B;
- sortear viagens para os lugares de origem das frutas que compõem os sabores dos sucos B.

Esse é o início do *brainstorming*, sendo que se poderia ir muito mais longe, mas esse é um exemplo para mostrar que esse primeiro momento é o que necessita de maior liberdade para acontecer.

O segundo passo é analisarmos quais das opções são mais interessantes, cruzando as ideias com informações concretas, como "qual público costuma comprar", "qual o alcance que o suco B quer ter geograficamente" e "qual a verba estimada para a campanha". Com esses dados, é bem possível que você já consiga selecionar as ideias que possuem maior viabilidade ou maior chance de serem viáveis. A partir disso tudo, começa-se uma discussão sobre as possibilidades e as chances de trazerem maior ou menor resultado. É hora do advogado do diabo que irá colocar todos os defeitos possíveis nas ideias que restaram. Seus donos devem defendê-las como num tribunal, para então a equipe decidir quais são as três mais interessantes e buscar, em pesquisas, dados mais concretos para verificar se é necessário fazer um pré-teste em uma região pequena antes de lançar nacionalmente a campanha ou se o concorrente já realizou algo similar nos últimos tempos, entre outras possibilidades. Depois disso, as ideias eleitas são desmembradas nas ações e nas peças que necessitam ser feitas e entram no esquema de produção que já se conhece. O *brainstorming* voltado para se criar argumento e arte também funciona assim.

9.6 A caixa de ideias

Uma *designer* trabalhava majoritariamente com materiais de *marketing* direto, mala direta e comunicação dirigida[*] (o nome muda, mas se trata da mesma ação). Essa profissional mantinha o hábito de montar a caixa de ideias. Era uma caixa de tamanho grande, guardada no alto de uma prateleira, da qual ela se utilizava todas as vezes que precisava obter inspiração para a criação de um novo material, normalmente a produção de um gráfico.

---

[*] Ainda neste capítulo, você verá algumas dicas para criar esse tipo de material.

Capítulo 9

Dentro da caixa havia as criações que considerava serem brilhantes quanto ao formato, à ideia e à estratégia. Eram cartas promocionais, que ela ou algum conhecido tinha recebido pelos Correios; panfletos e criações que ela mesma tinha desenvolvido. A caixa servia para duas coisas: para gestar uma criação logo depois de lido o *briefing* e para não se fazer algo igual ao que já foi feito. Claro que ali não existiam todos os materiais já produzidos em *marketing* direto, mas se podia ter uma base de boas estratégias já realizadas por grandes empresas. Todas as vezes em que alguém ia visitá-la, e a encontrava com os materiais da caixa espalhados pela sala, já sabia que estava em processo criativo. E aí ela fazia sempre perguntas esquisitas para os visitantes:

- Fulano, se você recebesse algo assim na sua casa, abriria de que jeito?

■ De que maneira você leria esse material?

Assim, ao mesmo tempo em que julgava o que deveria evitar nos materiais, ela fazia uma pesquisa informal com cada um que a visitava, o que a estimulava a pensar em maneiras inovadoras para propor o novo material que precisava criar.

Na carona da ideia dessa profissional e amiga – até porque grandes ideias de comportamento devem ser copiadas, mas não na íntegra – sugerimos que você crie a sua caixa de ideias. Não somente de materiais impressos de comunicação dirigida, mas de outros objetos que possam fazê-lo abrir uma portinha na mente que puxe criações legais. Brinquedos, como lego ou quebra-cabeças, podem estar lá dentro também. Quando você começa a exercitar seu raciocínio lógico, o criativo pode vir logo atrás. Outra sugestão de material que pode compor sua cumbuca de ideias (até porque não precisa ser somente uma caixa, mas um pote, uma bacia, uma mala, uma estante, um saco, uma banheira, o que tiver por perto) são as anotações que você faz quando algo à vem mente. Continuando com o exemplo dessa *designer*, ela dizia que preferia que houvesse uns dois dias de intervalo entre a leitura do *briefing* e a criação, porque costumava trabalhar com as ideias nas tarefas do dia a dia. Dizia que ia fazer compras, buscava o filho no colégio e cozinhava pensando no material até que o formava em sua cabeça. Quando sentava em frente ao computador parecia que já estava tudo criado, era só colocar na tela.

Outra sugestão, que para muitos parece necrofilia*, é guardar nessa caixa ou em outro espaço as criações que não deram certo ou não foram aprovadas. Sabemos que, quando uma ideia não vinga, é horrível voltarmos até mesmo que seja só para olhar. Isso acontece porque é comum a dificuldade de reformar algo que se esperava aplicar para outro produto/cliente/marca. Mas como essa ideia não saiu da sua mesa e nem foi vista andando por aí, ela pode ser útil em situações de desespero. A própria *designer* aqui citada tem uma pasta de ideias que nunca saíram do computador, e não sente qualquer desconforto em dar uma olhadinha lá quando se tem um prazo absurdo ou quando a solução parece já ter sido pensada em algum momento.

9.7 Ventile

Claro que a sua sala de criação é confortável e fabulosa, que o ambiente da agência propicia o desenvolvimento de pensamentos interessantes sobre o cliente, mas, se nada disso estiver ajudando, faça o que os diretores de comunicação das grandes empresas sugeriram no início deste capítulo: vá dar uma volta. Tem gente que se sente fora do mundo passeando no mercado público, outros preferem ver os velhinhos jogando xadrez na praça do centro, enfim, vale qualquer mudança de ares para facilitar novas conexões mentais. Ah, normalmente música também funciona.

---

* Necrofilia é amar o que é morto. De acordo com o Dicionário Houaiss, "violação de cadáver".

9.8 Simplifique

Normalmente, queremos elucubrar ideias fabulosas, dignas de gênios antológicos, e sofremos horrores enquanto elas não aparecem. As pessoas se esquecem que a simplicidade é, ainda, a melhor saída. Devemos tomar cuidado com megalomanias e orgulhos exacerbados porque eles podem cegar e indicar um caminho que não tem saída. Certa vez, uma lição dessas foi dada a uma jornalista por um carrinheiro, desses que buscam materiais reciclados pelas ruas. E, aqui, como um momento de intervalo, reproduz-se a seguir o texto elaborado por Mulbauer (2007), que saiu dessa lição.

Marketing pessoal revisitado

Aqui estou eu concentrada em um texto de grande importância no alto do quinto andar, enfurnada no meu escritório... Analisando a argumentação, os vocábulos utilizados, a correta confluência de significados... Tudo isso para ser muito precisa em termos de comunicação.

No meio da minha importante construção literária e informativa, um som gostoso de se ouvir invadiu a janela do escritório. Impossível para uma jornalista não querer ver o que está acontecendo lá fora.

Quando, depois de ter abandonado meus afazeres produtivos, fui checar à janela, avistei na rua, lá embaixo, um carrinheiro, desses que buscam caixas de papelão, andando de forma determinada com seu carrinho e uma caixa de som acoplada a um toca-fitas de carro. O carrinheiro, vestido de bermuda, meia, tênis e camiseta branca, tudo limpo, parou na frente do edifício, pegou uma caixa de papelão que estava encostada em uns sacos de lixos e deixou ao seu lado. Depois, abriu saco por saco e analisou seu conteúdo, fechando-os em seguida. Pegou a caixa e um dos sacos, organizou dentro do seu carrinho de forma simétrica, diminuiu o volume do som e foi em frente.

Quando levantei o olhar, havia mais ou menos umas 20 pessoas fazendo o mesmo que eu: olhando o nosso amigo do carrinho. Imediatamente senti uma simpatia pelo moço. Puxa, um rapaz que não tem vergonha do que é, anda bem arrumado e quando faz o seu ofício contribui para que a vida dos outros fique melhor. E o mais importante: não deixa de mostrar isso. O simples fato de ter colocado o som no seu carrinho fez com que todos na rua o identificassem e vissem o seu procedimento. Mais à frente as pessoas já saíam entregando os recicláveis a ele. Isso é *marketing* pessoal. É você mostrar a todos o que você faz benfeito e, com isso, marcar um diferencial no mercado, pensando em resultados; afinal, o pessoal entregava em mãos o lixo reciclável. Aquele carrinheiro se destacou no meio de milhares que existem na cidade pelo simples fato de evidenciar seus diferenciais com uma estratégia mais simples ainda: o som.

O carrinheiro se foi e eu fiquei aqui, avaliando com os meus botões aquela passagem rápida. Cheguei à conclusão de que, enquanto ficamos pensando em formas mirabolantes de se fazer comunicação, perdemos um tempo precioso. A questão é voltar ao simples, é mostrar o que você tem de diferente da forma mais rápida, mais barata e mais à mão que tiver. Agora, e não depois. Porque enquanto você complica aí, o pessoal ao seu redor está com uma simples caixa de som, fazendo o próprio trabalho... e todo mundo está vendo.

Então, simplicidade é uma boa saída criativa também.

9.9 Necessidade, falta de recursos e a criação na internet

Considera-se praticamente uma verdade absoluta a de que o povo brasileiro é por natureza criativo. Anda dando jeitinho aqui e ali para arranjar uma maneira de sair do sufoco financeiro. É verdade também que, nos grandes prêmios publicitários internacionais, é tido como expoente em criatividade. Alguns dizem que é por causa da necessidade de sobrevivência pela qual as pessoas daqui passam. "Temos sempre de tirar leite de pedra", dizem alguns, inclusive porque as verbas nem sempre são suficientes para se fazer o ideal. Outros dizem que é uma questão cultural, pois há mais liberdade de pensamento, não existem a rigidez e o sofrimento histórico dos povos europeus ou a racionalidade capitalista dos americanos. Discussões à parte, é bem possível que os autores dessas expressões possam ter razão. Há ainda aquela outra máxima que diz que "a necessidade é mãe da criatividade".

Com razão ou não, temos visto na área publicitária e promocional grandes ideias feitas com poucos recursos. A publicidade digital que o diga. Eckersdorff (2005), da Agência Única, avaliou, em artigo publicado no *site* Vox News, a posição dessa área como o primo pobre da publicidade, mas um dos mais criativos. Segundo ele, poderia ser exatamente os recursos menores investidos nessa mídia a explicação pelos últimos melhores prêmios da área em Cannes (isso em 2005).

O autor esclarece:

> As verbas para o segmento, apesar do evidente retorno obtido por campanhas, continuam muito pequenas, em comparação com as de outras mídias. A limitação do orçamento exige alternativas diferenciadas. É a melhor manifestação do 'jeitinho brasileiro', essa criatividade que nasce da restrição, esse jogo de cintura que nos leva pela vida. No Brasil, dificuldade é o processador da criatividade. (Eckersdorff, 2005)

Eckersdorff (2005) faculta essa criatividade à flor da pele dos publicitários digitais à própria caminhada da publicidade nacional, que sempre foi criativa.

Outro fator que pode favorecer de alguma forma os processos criativos na *web* é o relaxamento dos clientes da publicidade digital, pois estes demonstram ser mais liberais nas aprovações de algumas ousadias. Alguns publicitários consideram que isso se deve ao mercado, ainda novo; outros ao próprio estilo da mídia utilizada. Por aí talvez possamos dizer que é possível que o quadro se inverta e a publicidade da *web* acabe virando espelho criativo para as outras mídias.

9.10 Criação para *marketing* direto

A técnica é mais recente e pegou carona nas tendências do *business one-to-one*, o negócio personalizado, voltado à segmentação aprofundada do público. Nessa onda, revistas nacionais regionalizam algumas de suas páginas, determinados produtos direcionam suas verbas para técnicas mais focadas e dirigidas de comunicação e muitas agências de publicidade que desacreditaram que essa era uma tendência que vinha para ficar estão tendo de correr atrás do prejuízo. Outras montaram as suas próprias agências de relacionamento ou de comunicação dirigida.

O nome pode variar, mas a técnica de criação de campanhas de *marketing* direto é bem específica. O foco principal é o Departamento de Database *Marketing*. Ele é responsável pelo tratamento do banco de dados dos possíveis *prospects*, clientes ou *heavy costumers*. O *marketing* direto possui em sua especificidade a alta segmentação. Isso significa que, de acordo com o objetivo da campanha, serão criados de três a cinco tipos de textos-base, e o material deve conter espaço e possibilidade de aplicação do nome do cliente em pelo menos um lugar do texto.

Capítulo 9

O que conta nessa estratégia é o tratamento personalizado destinado a cada cliente e a cada situação. Para Baggio (2006), em artigo publicado na internet, a comunicação dirigida vai muito além do enviar malas-diretas. Para ela, ainda, "o que caracteriza mesmo esse tipo de comunicação é o conteúdo relevante, atrativo, personalizado e realmente dirigido, seja ele veiculado na internet, no celular, em um cartaz de banheiro ou em qualquer outra mídia".

Um exemplo hipotético pode deixar as coisas mais claras. Imagine que seu cliente de comunicação dirigida queira trabalhar seu relacionamento com os clientes de sua loja de charutos. Ele possui um cadastro com os clientes que frequentam a loja e que podem ser divididos em três grupos: os que compram com frequência, os que são consumidores esporádicos e os que foram visitá-lo uma ou duas vezes no último ano. Com base nessa constatação e de um aprofundamento do perfil desses clientes (classe social, profissão, gênero etc.), é possível planejarmos no mínimo três comunicações diferentes, que seriam acompanhadas por três estratégias distintas:

- O primeiro grupo precisa ser tratado com o cuidado e a atenção que merece e premiado pelo seu consumo.
- O segundo grupo necessita ser estimulado a passar para o primeiro grupo.
- Para o terceiro grupo, é interessante fazer um estudo para se saber o que o impede de frequentar mais vezes a loja.

Para o primeiro, a comunicação pode ser mais ou menos assim:

Caro senhor Rodolfo,

A Smoke Expert – Loja de Charutos está muito feliz em tê-lo como cliente. E, por essa razão, no mês de aniversário do Clube do Bolinha, está promovendo um evento em que sua presença é obrigatória!

Reuniremos um grupo de clientes seletos no piano bar do hotel Frisseau para a degustação de variados charutos cubanos, argentinos e chilenos. O evento será no dia 23 de abril de 2007 e contará com a presença da cantora Mariah Carey.

Na ocasião, ainda haverá o lançamento do novíssimo charuto brasileiro, Silve, que traz em sua elaboração a experiência da marca cubana Armendio. É uma novidade que poucos poderão desfrutar!

Senhor Rodolfo, por ser nosso cliente especial, um convidado vip seu será muito bem-vindo. Basta informar, pelo nosso telefone especial, 0800..., nome e telefone de seu acompanhante.

A sua reserva já está pré-confirmada!

Aguardamos sua presença!

Abraço,
Joaquim Moreira
Diretor de relacionamento da Smoke Expert

Essa carta é um exemplo de texto que enfatiza o grau de pertença a um grupo seleto, exclusivo. As estratégias devem seguir essa construção, isto é, o cliente deve realmente obter vantagens que outros não terão. Esse relacionamento visa sempre à busca de clientes com o mesmo perfil dos *heavy costumers* e ao aumento de compra dentro do grupo já fidelizado. Importa ressaltarmos ainda que a Criação, quando voltada ao *marketing* direto, precisa pensar em toda a identidade do material que precisa seguir o padrão e as estratégias anteriormente pensadas. Definitivamente, criar para *marketing* direto não significa criarmos malas-diretas, mas relacionamentos duradouros.

Estudo de caso

Pegue o *briefing* que você criou para o estudo de caso do sétimo capítulo e troque-o com o de seu colega. Crie uma estratégia e uma peça utilizando o *briefing* dele e alguma das técnicas expostas neste capítulo.

Para saber mais

O livro *Um toc na cuca*, de Roger von Oech, traz diversos exercícios para quem quer trabalhar sua criatividade. Outro livro interessante é o do publicitário Zeca Martins, intitulado *Redação publicitária: a prática na prática*, que aborda a criação na redação e traz diversos exercícios de redação criativa.

>MARTINS, Z. **Redação publicitária**: a prática na prática. 2. ed. São Paulo: Atlas, 2009.
>
>OECH, R. V. **Um toc na cuca**. 15. ed. São Paulo: Cultura, 2002.

Síntese

Neste capítulo, vimos que a área de criação possui mitos que dificultam o processo criativo. A criação não é só privilégio de alguns destinados a tal atividade, mas, a partir de práticas cotidianas, pode ser algo que faça parte da rotina dos publicitários.

Questões para revisão

1) Como funciona a caixa de ideias e como ela pode ajudar o criativo a criar materiais publicitários?

2) Qual é a matéria-prima do processo criativo de um publicitário? Explique o porquê e liste as possibilidades que ele pode encontrar.

3) Quais são os passos de um *brainstorming*?
   a) Lançamento de ideias com julgamento e depois análise de sua viabilidade.
   b) Lançamento de ideias sem julgamentos e depois uma reflexão sobre a sua viabilidade.
   c) Reflexão a respeito das ideias mais viáveis a partir de uma pesquisa.
   d) Análise da viabilidade das ideias e depois o lançamento delas nas peças.

Capítulo 9

4) Uma pessoa nasce criativa?
   a) Pode nascer, mas pode se tornar também.
   b) Não nasce, só aprende a ser.
   c) Sim, o talento deve nascer com a pessoa.
   d) Há quem acredite que sim, mas outros discordam.

5) No que consiste a dica de ventilar para criar?
   a) Ligar o ventilador enquanto se está em processo criativo.
   b) Deixar as ideias circularem sem julgamento.
   c) Trocar de ideias com outras pessoas da área.
   d) Sair do espaço da agência e se expor a outros estímulos sociais.

6) Quando se fala sobre pensar em simplicidade na criação, abordam-se diversos elementos, exceto:
   a) soluções claras.
   b) textos elaborados.
   c) peças bem focadas.
   d) argumentações acessíveis ao público-alvo.

7) Que tipo de criação característica identifica o *marketing* direto?
   a) São materiais que colocam o nome do cliente em primeiro lugar.
   b) A segmentação de argumentos.
   c) Peças que usam textos personalizados e que chamem o cliente pelo nome.
   d) Peças que, necessariamente, tenham várias opções de texto.

capítulo 10
A defesa da campanha

Conteúdos do capítulo:
- Dicas de como desenvolver uma campanha;
- Cuidados a serem tomados na defesa de uma campanha.

Após o estudo deste capítulo, você será capaz de:
- planejar uma boa apresentação de campanha;
- aproveitar de maneira adequada os formatos e possibilidades de cada mídia;
- elaborar um roteiro para evitar perder tempo com ações desnecessárias.

Capítulo 10

A apresentação de uma campanha ao cliente é um momento sublime, no qual todo o trabalho da equipe será avaliado e aprovado. É a hora da venda de ideias, crenças e expectativas de resultados positivos para o cliente. Quanto mais concretos os dados apresentados, maior será a possibilidade de gerar confiança, indispensável para a aprovação da campanha. É o momento de colocar brilho nos olhos, de utilizar e provocar os sentidos. Cabe aqui um conselho de Sampaio (1997, p. 109):

> Depois, na hora da aprovação final do anúncio ou do comercial, o anunciante e sua agência devem ser muito críticos: o que não estiver simplesmente perfeito, não transmitir com absoluta precisão aquilo que se definiu no planejamento, com a emoção e a pertinência necessárias, simplesmente não deve ser veiculado. Propaganda malfeita é gol contra. Não se deve hesitar em refilmar, regravar, refotografar, refazer. A melhor propaganda é a bem feita.

O profissional de Atendimento nessa hora possui grande responsabilidade, porque, além de ele ser o indivíduo que dará a cara para bater na frente do cliente, foi ele o principal responsável por repassar as informações à equipe para a consecução da ideia. Se algo não foi bem captado nesse trâmite de informação, é na hora de aprovação de campanha que os problemas aparecem. É por essa razão que praticamente todas as agências possuem a aprovação interna anterior à realizada pelo cliente. Funciona como uma prévia da aprovação, na qual o Atendimento avalia, com base nos seus conhecimentos a respeito do cliente e dos dados coletados, os principais problemas que poderão aparecer no momento da apresentação ao cliente. Barreto (1994) aconselha o Atendimento a confiar em seu *feeling* e a sempre defender a ideia construída pela agência quando estiver apresentando a campanha ao cliente. Se a equipe apresentou uma linha de atuação e o Atendimento sente que haverá problemas de aprovação, é sua função posicionar-se e defender seu ponto de vista. Barreto continua ponderando que, se a equipe – em maior número de opiniões e argumentos – ainda reforça que aquela linha de ideias é a melhor, o Atendimento deve acatá-la e defendê-la com unhas e dentes diante do cliente. Jamais o Atendimento deve externar algum tipo de reprovação às ideias que ele apresenta ao cliente, sob pena de ferir a confiança na agência. É importante lembrarmos que o Atendimento representa organizações e não a si mesmo: quando está na agência seu papel é o de advogado do cliente e quando está junto ao cliente é o representante legal da agência.

Capítulo 10

Por essa razão, o momento da apresentação da campanha é crucial, e sua aprovação vai depender muito do desempenho do profissional do Atendimento.

10.1 Venda de ideias

Não se discute que a missão do Atendimento é vender. Vender imagem, credibilidade, ideias. Ele sempre negocia com o cliente e com a agência os valores subjetivos que regem a relação entre os dois, de forma a ponderar vantagens e desvantagens de cada posicionamento a ser tomado.

A habilidade maior ou menor em apresentar ideias, em defender pontos de vista e em comprovar de maneira concreta os resultados que podem ser alcançados com determinada estratégia depende, em 90% dos casos, da empatia da qual o Atendimento faz uso. Como vimos anteriormente, a **empatia** é a habilidade de se colocar no lugar do outro. Maiores níveis de empatia resultam em relacionamentos mais estreitos e em melhores apresentações de ideias. A empatia faculta ao profissional de comunicação entender profundamente, além dos dados extrínsecos do cliente – como mercado, volume de vendas –, os valores intrínsecos e as motivações que movem as decisões que o cliente toma. Quem é pouco empático ou ignora os sinais subjetivos e os sentimentos que movem as relações pessoais perde muito na hora de vender suas ideias.

Entre algumas estratégias que mostram empatia na hora de atender ao cliente, podem ser citadas as seguintes:

- ouvir bastante e com atenção;
- levar a sério os medos e as manias do cliente mesmo que pareçam bobagens;
- interessar-se de maneira sincera e dedicada aos assuntos do cliente, mesmo que não façam diferença para o planejamento da campanha;
- fazer o exercício de se colocar no lugar do cliente, entendendo sua posição;
- usar os referenciais de valor do cliente para defender sua ideia, utilizando um mesmo caminho de códigos de comunicação;
- sensibilizar-se verdadeiramente com as posturas e as argumentações do cliente.

A partir de uma postura empática, o restante do sucesso da apresentação da campanha depende de alguns outros cuidados, mas boa parte da defesa já está garantida.

10.2 Apresentar às pessoas certas

Algumas defesas de campanhas acabam fracassando quando a apresentação é realizada às pessoas erradas. Isso é comum acontecer quando o diretor de *marketing* da empresa-cliente repassa o *briefing* e, muitas vezes, não o discute com a equipe interna anteriormente. Depois disso, pede que a agência apresente a campanha para um grupo de profissionais que não está a par do *briefing* ou não tem poder de decisão sobre as estratégias a serem tomadas ou correções a serem feitas. Discussões

Capítulo 10

que significam verdadeiras perdas de tempo acabam surgindo a partir desse desencontro de ideias entre pessoas da equipe de comunicação e os que não são responsáveis pela área.

Outro erro bastante comum é o Atendimento, na ansiedade de obter a avaliação do cliente o mais breve possível por causa dos prazos exíguos, acabar não esperando o momento ideal de apresentá-la com o cuidado necessário e aceitar defendê-la a quem irá repassar ao cliente as estratégias. Quando isso acontece, o Atendimento tranfere a sua responsabilidade de vender a campanha ao substituto do cliente. O resultado mais frequente é a falta de entendimento claro das argumentações e das estratégias da campanha por quem realmente iria decidir. Assim, sugerimos alguns cuidados em relação ao público espectador dessa apresentação:

- cuide para que o profissional que repassou o *briefing* esteja presente;
- se o tomador de decisão, aquele que realmente assinará as autorizações, não for o mesmo que repassou o *briefing*, este também precisa ser impactado pela apresentação da campanha;
- quando grupos de pessoas da empresa-cliente forem convidados para assistir à apresentação da campanha, é importante situá-los no contexto abordado no *briefing*, a fim de que possam acompanhar a evolução das estratégias criadas. Outra atitude importante é pedir que apresentem o departamento que representam e a si próprios para que sejam incluídos nos argumentos da apresentação. Algo como: "Sabemos que o pessoal da área de *telemarketing* preocupa-se com o

repasse correto das informações, por isso a estratégia inclui...".

Lembre-se de que o público que assiste à apresentação da campanha é quem vai decidir se o trabalho realizado está adequado. Por isso, precisa ser sensibilizado.

10.3 Cuidados a serem tomados: preparando o *show*

Como tudo o que se faz, uma boa apresentação de campanha depende exclusivamente do planejamento. Sem planejar os detalhes de tudo, nem saia da agência nem convide o cliente para ir lá.

A apresentação de campanha precisa ser vista como um momento mágico, algo similar a um *show*, no qual os apelos sensoriais, além dos racionais, precisam ser planejados e equilibrados, a fim de que funcionem como defensores do projeto. Entre os cuidados a serem tomados estão:

- **Local e infraestrutura**: Qual é o melhor lugar? Em que sede ou sala serão menos interrompidos? Haverá interferência de calor, frio ou barulho externo?
- **Definição do tempo para apresentação, horário de início e fim**: o grupo que estará reunido na apresentação da campanha vê aquilo como mais uma tarefa a ser cumprida no dia. Isso quer dizer que não serão toleradas sessões muito longas ou que não estejam previstas

Capítulo 10

em tempo. Para fazer bonito, o ideal é deixar claro o tempo que será gasto para a defesa da campanha para que todos se programem.

- **Participantes que estarão na apresentação**: tente saber antecipadamente quem estará presente na reunião e preveja situações, como o cliente convidar, na hora de início, a algum outro funcionário ou mesmo parceiro de negócios para participar da reunião.
- **Estabeleça e tenha bem visível cada passo da apresentação**: tenha definido todo o material a ser utilizado e organize-o de modo que tenha coerência com os argumentos a serem colocados.

Cheque, a partir de um *mainlist**, todos os materiais e os equipamentos necessários e, em seguida, teste-os. Desde as pastas que podem ser entregues com o planejamento de mídia, cópia dos principais tópicos do *briefing* e do cenário sobre o qual a campanha se constrói até uma peça da criação. Confira ainda o equipamento de *data-show* e a conexão com a internet. Não esqueça também dos seus materiais de referência com peças anteriores, informações da concorrência, dados das pesquisas realizadas, entre outros.

Defina quem da agência irá acompanhá-lo. Em algumas situações, levar um dos componentes da dupla de Criação é interessante para que ele posicione em detalhes o que foi construído, porém, mais ainda para ouvir as impressões dos presentes. Em situações de

---

* *Mainlist* é uma lista que contém os principais tópicos a serem pensados sobre o assunto.

planejamento de mídia mais elaborado, o profissional de mídia pode ser companhia interessante para corroborar as decisões tomadas e ajudar em possíveis revisões.

No momento de conferir, revise os itens acima com algum colega da agência, a fim de identificar possíveis problemas ou esquecimentos. Apresente seu roteiro as outras áreas para que avaliem se há algo que possa ser destacado ou merece mais esclarecimentos.

Uma boa apresentação requer ferramentas diversas como fotos, filmes, músicas e a presença das peças que comporão o conjunto de estímulos sensoriais. Caso não possam ser o produto final, cuide para que essas peças estejam o mais próximo possível do que realmente será produzido. Muitas vezes, confiar na imaginação do cliente para enxergar a peça finalizada pode ser uma armadilha para a aprovação. O ideal é se utilizar de todo o aparato técnico possível para apresentar peças quase fidedignas ao que será realizado e, quando isso não for possível, municie-se de referências para apoiar a apresentação, como escalas de pantone para mostrar a cor que realmente será utilizada na peça gráfica ou músicas similares para sonorizar um comercial.

Em muitas situações, principalmente quando a campanha é menor, a agência acaba desprezando o momento da apresentação e comete o erro de não apresentar o seu raciocínio estratégico. Uma única peça pode ser entendida como uma campanha e merece o mesmo cuidado em sua apresentação.

Capítulo 10

10.4 Roteiro

Para que a apresentação seja um sucesso, contar com um ordenamento que faça com que o público participante consiga seguir o raciocínio e embarcar na ideia da campanha é fundamental. Esse roteiro deve ser alterado conforme o objetivo estabelecido com a apresentação e, principalmente, com base no que se conhece do cliente. Não adianta você querer enrolar o cliente com informações e gráficos se o nível de ansiedade dele é altíssimo, e ele quer ver a peça antes de mais nada. Flexibilize, mas não deixe de cumprir seu processo de argumentação. Dê a ele o que ele quer, mas solicite o compromisso dele para prestar a atenção no caminho que os levou àquela peça e nos números que podem comprovar a melhor configuração de mídia construída. Feitos esses aportes, aqui vai uma sugestão de roteiro que pode servir de base a sua apresentação:

Contextualize

No início da apresentação, devemos deixar claro o contexto em que a campanha se insere. Para tanto, precisamos nos atentar para aspectos como a origem da necessidade, quais problemas do cliente a campanha soluciona, bem como alguns tópicos que esclareçam a respeito da situação do mercado e das opções de meios utilizados. O objetivo aqui é traçarmos um cenário no qual o restante da apresentação vai se delinear. Lembre-se de colocar informações que possam ser úteis a outros públicos que não participaram do *briefing* inicial.

Mostre a estratégia

Explique, com base nas informações que constam no *briefing*, as principais estratégias pensadas no *brainstorming* da agência. Isso pode incluir algum tipo de serviço agregado que foi preciso fazer para que se tivesse segurança no que foi criado, como testes e busca de informação adicional em pesquisas independentes. Guie os participantes na linha de pensamento que a equipe da agência seguiu, usando como argumentos os dados disponíveis de evolução mercadológica do cliente e dos concorrentes alinhavando sempre com o que foi pedido no início do projeto.

Apresente a ideia/ o argumento principal

O recheio da apresentação é a solução dada para o problema. Até aqui foi mostrado o problema, o caminho que se seguiu para se chegar à solução e o que foi levado em conta para tanto. Agora, é hora da ideia principal, o mote da campanha. Essa fase da apresentação é a que deve encantar, emocionar por meio de imagem, som, movimento, entre outros recursos. Na maioria dos casos, o momento é de ficar em silêncio para que o público consiga apreciar as estratégias. Lembre-se de que uma campanha não vem acompanhada de explicação e o efeito no público-alvo deve acontecer de maneira automática. Na apresentação, espera-se avaliar também em âmbitos emocionais os efeitos do que foi criado.

Detalhe as estratégias de mídia e o cronograma

Depois de deixar que se tirem as impressões mais subjetivas da criação e da argumentação principal que a campanha terá, é hora de explicarmos o planejamento de mídia e as razões da aplicação da verba nesses determinados veículos. Mostre a grade, leve os veículos impressos, explique quais são os públicos prioritários desses veículos, mostre programas de TV caso seja sugerido patrocínio ou *merchadising*. Defenda o cronograma da estratégia de veiculação apresentando os resultados que se estimam que sejam alcançados com essa cobertura específica.

Escute e responda às dúvidas

Se você não respondeu às perguntas no meio da apresentação – às vezes é melhor apresentar tudo para depois tirar as dúvidas – é a hora de escutar. Escute com atenção as ponderações dos clientes – com essas informações, você amadurece o seu conhecimento sobre ele e ganha experiência para próximas apresentações – e tire as dúvidas que restaram a respeito da estratégia, da criação, das peças, da mídia, entre outros tópicos, usando principalmente os materiais de referência levados por você. Antever algumas dúvidas é importante, pois mostra que você está preparado para elas e quer deixar tudo muito claro para que os tomadores de decisão ajam com segurança.

Formalize a aprovação

Assim como você começou o processo formalizando o *briefing*, é hora de pedir a aprovação definitiva. Caso haja alguma correção no material, deixe claro no documento de aprovação que essas questões precisam ser corrigidas e peça para o cliente dar o aval para você encaminhar para produção – no caso de apresentação de *storyboard* ou *roughs*[*] – ou veiculação.

---

[*] *Roughs* ou bonecos são peças em rascunho ou não totalmente produzidas para aprovação.

10.5 As opções de ideias para aprovação

Aqui você verá algumas dicas de ações que podem ser tomadas para a aprovação da campanha.

Aos indecisos, menos opções

Clientes indecisos e que usam critérios muito subjetivos para aprovar as ideias da agência tendem a pedir várias opções de criação e de caminhos de estratégias de comunicação. Normalmente, indecisões não acontecem com quem sabe exatamente o que quer, ou quando confia plenamente na agência. Se o caso do seu cliente é diferente, ele não sabe bem ao certo o que quer, e, mesmo fazendo um *briefing* bem detalhado e fechado, ele tem mudado de ideia principalmente em relação ao objetivo que quer alcançar com a campanha, uma forma de dirimir os problemas de indecisão é apresentar menos opções de ideias. Já é de conhecimento da maioria dos profissionais de criação que há clientes que pensam que se fabricam ideias em série ou não entendem direito o processo comunicativo ou, ainda, acham que vão escolher a campanha como quem escolhe um produto na prateleira do supermercado. Desse modo, é importante o profissional de Atendimento deixar claro, desde o início do relacionamento, que o trabalho de planejamento e criação segue o que está estabelecido no *briefing* e nas principais necessidades mostradas pelo cliente. Logo, a solução a ser apresentada para ele é aquela que, depois de muito estudo e trabalho, é a mais indicada para resolver aquele problema específico. Isso não impede você de, no caso de aparecer mais uma ideia genial, apresentar para ele uma segunda opção.

A tática do patinho feio

No caso de aprovação de opções de campanhas, em ocasiões em que é necessário apresentar duas opções, pode-se empregar uma estratégia interessante: a do patinho feio. Mostra-se uma campanha ruim e outra – a que deve ser aprovada – ideal. Um exemplo de uso dessa tática é para aprovações quando há muitas pessoas que devem aprovar em associações de classe ou mesmo *shopping centers*. Não é a ideal, mas, em último caso, pode ser útil.

10.6 A campanha que não é aprovada

Caso não haja formas de aprovar a campanha, e o cliente esteja reticente com aquilo que deseja – mesmo que a agência esteja careca de saber que pode dar errado –, é aconselhável fazermos o que o cliente pede, por dois motivos: ele é o dono da marca, da campanha e da imagem no mercado, além de ser quem está pagando as contas. Por mais que a agência seja formada de especialistas em estratégias de comunicação, o cliente detém o *feeling* de mercado e o poder de decisão econômico. Sem a aprovação dele, nada é feito. Dessa forma, devidamente avisado do que pode acontecer, caso os planos sejam outros, o negócio é fazer o que ele pede. Muitas agências – e boa parte dos seus profissionais – batem o pé em favor de uma ideia ou caminho de campanha por exclusivo sentimento de orgulho. Pensam: "Nós é que sabemos como as coisas devem ser". Pode ser visto por dezenas de vezes esse tipo de situação acabar em cisões entre clientes e suas respectivas agências. Não defendemos aqui a subserviência a tudo o que o cliente pedir, mas no caso em que ocorrem uma boa construção estratégica e uma boa apresentação da campanha, e ainda assim o cliente preferir uma mudança de rumos, é hora de ser condescendente.

Outro motivo pelo qual a aceitação da ideia do cliente é importante, mesmo depois de todas as defesas, é que esta, muitas vezes, é a única forma de mostrar a ele que estava errado. Infelizmente, algumas vezes é necessário se dar com os burros n'água para mostrarmos que a estratégia sugerida era a melhor. Isso incorre em perdas significativas de dinheiro, mas há ganhos interessantes em confiança. A menos que seu cliente tenha problemas sérios de orgulho e autoestima e não consiga assumir que estava enganado, numa próxima situação em que houver um embate de ideias é bem possível que ele se posicione de maneira mais flexível e receptiva, acatando as sugestões da agência.

As campanhas publicitárias atuais exigem muito mais do que uma boa linha criativa e uma boa estratégia de mídia convencional. Os meios se proliferam, as ideias criativas também. O que pode fazer a diferença é uma estratégia bem pensada e uma boa apresentação de campanha, porque, sem a aprovação do cliente, nenhuma boa ideia sai do papel.

Estudo de caso

Reúna colegas de área e apresente as ideias que você criou no capítulo passado. Defenda sua argumentação como se estivesse na frente do seu cliente.

Para saber mais

O filme *Crazy people: todo mundo louco* traz a história de um publicitário que acaba entrando em crise e cria campanhas diferentes. Há diversas cenas interessantes a respeito da apresentação e das defesas de campanhas.

>CRAZY people: todo mundo louco. Direção: Tony Bill. Produção: Thomas Barad e Robert K. Weiss. EUA: Paramount Pictures, 1990. 91 min.

Síntese

Neste capítulo, conhecemos o roteiro para uma boa defesa de campanha publicitária perante o cliente e sua equipe, além dos principais problemas que podem acontecer. Vimos também como devemos abordar, na hora da aprovação da campanha, cada tipo de cliente, com suas características específicas.

Questões para revisão

1) O que acontece quando uma campanha não é aprovada?

2) Cite os principais cuidados que devem ser tomados no momento em que pretendemos defender uma ideia ou campanha perante o cliente.

3) Selecione a alternativa que reflete uma ação empática.
   a) Ouvir atentamente o cliente.
   b) Fazer o que o cliente quer.
   c) Posicionar-se na agência sempre a favor do cliente.
   d) Ser amigo do cliente.

4) Quem da equipe do cliente obrigatoriamente deve estar na apresentação de campanha?
   a) Os setores que forem impactados por ela.
   b) Um representante de cada setor.
   c) Quem esteve no repasse do *briefing*.
   d) O diretor-geral.

5) Por que se costuma levar mais um profissional da agência para a apresentação da campanha?
   a) Porque nunca é bom que o Atendimento esteja sozinho.
   b) Para ajudar a responder às perguntas quando forem muitas.

c) Para mostrar equiparação de públicos.
d) Para detalhar estratégias e agregar credibilidade.

6) Qual a importância da construção de um roteiro de apresentação?
   a) É importante porque mostra que a agência é séria.
   b) Serve para o Atendimento não se perder.
   c) Seguindo um determinado ordenamento lógico, o Atendimento oferece segurança ao cliente.
   d) Porque sem um roteiro ninguém faz nada.

7) O que é a tática do patinho feio?
   a) Dar menos opções de ideias a cliente indecisos.
   b) Mostrar uma campanha ruim junto com uma boa que se deseja ver aprovada.
   c) Mostrar sempre várias opções de *layouts* aos clientes.
   d) É a tática que apresenta a campanha como se fosse um patinho feio que vai se tornar um cisne.

Para concluir...

A intenção deste livro foi trazer a você as orientações gerais para dar seus primeiros passos na área de Publicidade e Propaganda. A primeira parte teve o objetivo de ajudá-lo a pensar, de maneira empreendedora, na hora de montar uma agência e entender um pouco mais sobre cada função que engloba os diversos conhecimentos específicos da publicidade e sua relação com o mercado. Foi reunido um conjunto de experiências ligadas a um conhecimento teórico já sedimentado para que você tenha algumas noções de como começar. E isso significa que você tem um vasto campo de escolhas pela frente. Pode ser um funcionário de agência publicitária, pode ser um sócio de uma microempresa ou mesmo empreender algo grande agora. As variáveis, na medida do possível, estão aí para você pensar. É claro que há mais um punhado de informações bem atualizadas que você pode encontrar nos órgãos que regulamentam o mercado e em *sites* específicos. A ideia era fazer um trampolim para que você alçasse voo nos projetos que pretende desenvolver na sua profissão.

A segunda parte trouxe um conteúdo mais técnico, voltado aos procedimentos e às ferramentas disponíveis e a explicação de como desenvolver uma campanha publicitária desde a coleta das informações para o *briefing* até a defesa da campanha perante o cliente. Nem sempre conseguimos ter uma sugestão de caminho a percorrer quando somos jogados no mercado. E até testarmos todas as possibilidades, muito tempo valioso pode ser perdido. Dessa maneira, você pode ter uma opção de encaminhamento para ter resultados concretos já no início. Não deixe de avaliar cada passo e ver se são adequados para as suas escolhas. O importante é que você alcance seus objetivos em cada cliente, de maneira a ter menos traumas e mais louros.

O início está aqui. Agora, sua responsabilidade aumenta, pois se espera um bom início de profissão depois do estudo dessa publicação. Fique atento ao mercado e aos sinais que ele dá. Lembre-se de que essa área da comunicação é dinâmica e não admite profissionais que param no tempo e no espaço.

Referências

ABAP – Associação Brasileira de Agências de Publicidade. Disponível em: <http://www.abap.com.br>. Acesso em: 13 jun. 2011.

ABEMD – Associação Brasileira de Marketing Direto. Disponível em: <http://www.abemd.org.br>. Acesso em: 13 jun. 2011.

ABP – Associação Brasileira de Propaganda. Disponível em: <http://www.abp.com.br>. Acesso em: 6 jun. 2011.

BAGGIO, A. Comunicação dirigida é pra quem sabe. 18 out. 2006. Disponível em: <http://www.ccpr.org.br/interna.php?pagina=pontovirgula&tpg=2&id=55>. Acesso em: 13 jun. 2011.

BARRETO, E. Abóboras ao vento: tudo o que a gente sabia sobre propaganda. Rio de Janeiro: Globo, 1994.

BENETTI, E. et al. Tudo que você queria saber sobre propaganda e ninguém teve paciência para explicar. São Paulo: Atlas, 1989.

BRASIL. **O Código de Ética dos profissionais da propaganda.** Coletânea de Instrumentos Normativos. Normas da Propaganda. Disponível em: <http://www.planalto.gov.br/ publi_04/colecao/norm18.htm>. Acesso em: 7 jun. 2011.

BRASIL. Decreto n. 4.563, de 31 de dezembro de 2002. **Diário Oficial da União**, Poder Legislativo, Brasília, DF, 1º jan. 2003. Disponível em: <http://www.planalto.gov.br/ccivil_03/decreto/2002/D4563.htm>. Acesso em: 13 jun. 2011.

_____. Decreto n. 57.690, de 1º de fevereiro de 1966. **Diário Oficial da União**, Poder Legislativo, Brasília, DF, 10 fev. 1966. Disponível em: <http://www.planalto.gov.br/ccivil_03/decreto/d57690.htm>. Acesso em: 13 jun. 2011.

_____. Decreto n. 70.951, de 9 de agosto de 1972. **Diário Oficial da União**, Poder Legislativo, Brasília, DF, 10 ago. 1972. Disponível em: <http://www.planalto.gov.br/ccivil_03/decreto/Antigos/D70951.htm>. Acesso em: 2 set. 2011.

_____. Lei n. 4.680, de 18 de junho de 1965. **Diário Oficial da União**, Poder Legislativo, Brasília, DF, 21 jun. 1965. Disponível em: <http://www.planalto.gov.br/ccivil_03/leis/l4680.htm>. Acesso em: 13 jun. 2011.

_____. Lei n. 5.768, de 20 de dezembro de 1971. **Diário Oficial da União**, Poder Legislativo, Brasília, DF, 21 dez. 1971. Disponível em: <http://www.planalto.gov.br/ccivil_03/leis/L5768.htm>. Acesso em: 2 set 2011.

BRASIL. Lei n. 6.938, de 31 de agosto de 1981. **Diário Oficial da União**, Poder Legislativo, Brasília, DF, 2 set. 1981. Disponível : <http://www.planalto.gov.br/ccivil_03/leis/L6938.htm>. Acesso em: 2 set. 2011.

_____. Lei n. 8.078, de 11 de setembro de 1990. **Diário Oficial da União**, Poder Legislativo, Brasília, DF, 12 set. 1990. Disponível em: < http://www.planalto.gov.br/ccivil_03/leis/l8078.htm>. Acesso em: 2 set. 2011.

_____. Lei n. 9.294, de 15 de julho de 1996. **Diário Oficial da União**, Poder Legislativo, Brasília, DF, 16 jul. 1996. Disponível em: <http://www.planalto.gov.br/ccivil_03/Leis/L9294.htm>. Acesso em: 2 set. 2011.

_____. Lei n. 9.610, de 19 de fevereiro de 1998. **Diário Oficial da União**, Poder Legislativo, Brasília, DF, 20 fev. 1998. Disponível em: < http://www.planalto.gov.br/ccivil_03/leis/L9610.htm>. Acesso em: 2 set. 2011.

CENP – **Conselho Executivo das Normas-Padrão**. Disponível em: <http://www.cenp.com.br>. Acesso em: 28 jun. 2007.

CLUBE DE CRIAÇÃO. Disponível em: <http://www.ccsp.com.br; www.ccpr.org.br>. Acesso em: 28 jun. 2007.

CONAR – **Conselho de Autorregulamentação Publicitária**. Disponível em: <http://www.conar.org.br>. Acesso em: 6 jun. 2011.

CORREA, R. **Planejamento de propaganda**. São Paulo: Global, 1998.

ECKERSDORFF, R. **Tem um Ronaldinho em cada agência de publicidade digital.** 19 set. 2005. Disponível em: <http://www.voxnews.com.br/dados_artigos.asp?CodArt=181>. Acesso em: 13 jun. 2011.

FENAPRO – **Federação Nacional das Agências de Propaganda.** Disponível em: <http://www.fenapro.org.br>. Acesso em: 6 jun. 2011.

FERRARI, F. **A arte do guerreiro.** São Paulo: Loyola, 1990.

GAPRJ – **Grupo de Atendimento e Planejamento do Rio de Janeiro.** Disponível em: <http://www.gaprj.com.br>. Acesso em: 13 jun. 2011.

GM – **Grupo de Mídia.** Disponível em: <http://www.gm.org.br>. Acesso em: 13 jun. 2011.

HOUAISS, A.; VILLAR, M. de S.; FRANCO, F. M. de M. **Dicionário Houaiss da língua portuguesa.** Rio de Janeiro: Objetiva, 2001.

LUFT, C. P. **Dicionário Luft.** São Paulo: Ática, 2002.

MARTINS, Z. **Propaganda é isso aí!** Um guia para novos anunciantes e futuros publicitários. São Paulo: Futura, 1999.

_____. **Redação publicitária:** a prática na prática. São Paulo: Atlas, 2003.

MCLUHAN, M. **Os meios de comunicação como extensão do homem.** São Paulo: Cultrix, 1995.

MEDITSCH, E. **Entrevista concedida a Nivea Canalli Bona.** Florianópolis, UFSC, 15 dez. 2006.

MULBAUER, T. **Marketing pessoal revisitado.** Curitiba, 2007. Crônica.

PASTORE, D. Perdão aos exaltados. **Revista About,** São Paulo, 10 out. 2005. Entrevista concedida a Alexandre Zaghi Lemos. Disponível em: <http://www.portaldapropaganda.com/entrevista/2005/10/0002>. Acesso em: 29 jul. 2011.

PREDERBON, J. **Curso de propaganda:** do anúncio à comunicação integrada. São Paulo: Atlas, 2008.

_____. **Propaganda:** profissionais ensinam como se faz. São Paulo: Atlas, 2000.

PÚBLIO, M. A. **Como planejar e executar uma campanha de propaganda.** São Paulo: Atlas, 2008.

RIBEIRO, J. et al. **Tudo o que você queria saber sobre propaganda e ninguém teve paciência para explicar.** São Paulo: Atlas, 1989.

SAMPAIO, R. **Propaganda de A a Z:** como usar a propaganda para construir marcas e empresas de sucesso. Rio de Janeiro: Campus, 1997.

SANT'ANNA, A. **Propaganda, teoria, técnica e prática.** São Paulo: Pioneira Thomson Learning, 2002.

WILLIAMS, R. H. **Fórmulas secretas do mago da publicidade.** São Paulo: Futura, 2000.

Sugestões de sites para consulta

ABEMD – Associação Brasileira de Marketing Direto: <http://www.abemd.org.br>.

CENP – Conselho Consultivo das Normas-Padrão: <http://www.cenp.com.br>.

FENAPRO – Federação Nacional das Agências de Propaganda: <http://fenapro.org.br/>.

Sindicato das Agências de Propaganda (Sinapro):

Sinapro Amazonas: <http://www.sinaproam.com.br>.

Sinapro Bahia: <http://www.sinaprobahia.com.br>.

Sinapro Brasília: <http://www.sinaprodf.com.br>.

Sinapro Ceará: <http://www.sindapro.com.br>.

Sinapro Espírito Santo: <http://www.sinapro-es.org.br>.

Sinapro Goiás: <http://www.sindpropaganda.com.br>.

Sinapro Mato Grosso: <http://www.sinapromt.org.br>.

Sinapro Minas Gerais: <http://www.sindapro-mg.com.br>.

Sinapro Pará: <http://www.sindapa.com.br>.

Sinapro Paraná: <http://www.sinapro.org.br>.

Sinapro Pernambuco: <http://www.sinapro-pe.com.br>.

Sinapro Rio de Janeiro: <http://www.sinapro-rj.com.br>.

Sinapro Santa Catarina: <http://www.sapesc.com.br>.

Sinapro São Paulo: <http://www.sinaprosp.org.br>.

Respostas

Capítulo 1

Questões para revisão

1) As obrigatoriedades relacionadas ao BV das agências tradicionais estão sendo questionadas, principalmente pelos anunciantes. Estes acabam notando que as contas engordam a partir de uma agência de *full service*, pois imagina-se que essa agência, além de cobrar por seus serviços, aporta ganhos de comissionamento sobre as veiculações. Dalton Pastore comenta que é possível que o cliente resolva fazer criação e mídia separadas para não correr esse risco de "superfaturamento", mas que a certa altura das relações com diversos tipos de agências volte para a empresa de *full service* para ser comissionado somente uma vez e tratar somente com um interlocutor.

2) É importante pensarmos no custo que a agência terá para atender ao cliente, desde a luz até o material de escritório, o tempo do profissional gasto no projeto e os preços de mercado, que normalmente são tabelados pelo sindicato do estado.

3) d

4) b

5) d

6) b

7) a

Capítulo 2

Questões para revisão

1) Sim, é possível quando ele é dono de uma agência pequena. Agências pequenas são feitas de profissionais múltiplos que acabam abarcando, pelo menos no início, várias funções em nome da sustentabilidade.

2) É possível encontrar revisores das áreas de Letras e Jornalismo, produtores técnicos das áreas de Rádio e TV, administradores, contabilistas formados em diversos cursos das áreas de negócios, marketeiros que farão planejamento, entre outros.

3) c

4) c

5) d

6) c

7) a

Capítulo 3

Questões para revisão

1) São vários momentos importantes. A título de exemplo, podemos citar o início da relação entre o Atendimento e o cliente, quando se estabelece uma relação de confiança. Há momentos em que o cliente pode checar se aquilo que o Atendimento diz é verdadeiro, como quando pergunta sobre valores ou quando o Atendimento cumpre os prazos definidos pensando no material. Enfim, são várias as formas de se firmar uma relação profissional com o seu cliente. Por essa razão, o comportamento do Atendimento deve ser ético, prestativo, levar em conta o problema do cliente. Além disso, o responsável pelo Atendimento deve estar disponível, possuir conhecimento técnico razoável para discutir peças, estratégias, entre outros pontos.

2) Ele precisa recolher as publicações e checar se os anúncios foram colocados da maneira adequada e de acordo com o que foi pedido, verificando desde horários nas grades de programação de rádio e TV até a paginação de revistas e jornais.

3) d

4) a

5) d

6) c

7) c

Capítulo 4

Questões para revisão

1) Entre os cuidados que o pequeno empresário de comunicação deve possuir, podemos mencionar a necessidade de distribuir as pessoas, de acordo com o perfil de cada uma, nas funções que se adéquem às suas características; organizar-se para realizar várias tarefas ao mesmo tempo. O pequeno empresário precisa entender que sociedade é como um casamento: por essa razão, deve-se escolher com confiança seu parceiro de negócios.

2) Nesse caso, o Atendimento quase sempre é o dono da agência, e as relações tendem a ser mais próximas e afetivas do que profissionais. Em muitas situações, as agências pequenas precisam "doutrinar" o cliente, ensinando como o mundo da comunicação funciona e orientando-o em relação ao que aplicar na sua divulgação cotidiana. Esse comportamento não é necessário nas agências grandes, pois costumam atender a grandes clientes que já sabem como funciona a área da comunicação e têm ideia do que querem.

3) d

4) a

5) c

6) a

7) b

Capítulo 5

Questões para revisão

1) Tudo o que é produzido por uma agência de publicidade influencia a sociedade em que está inserida. Isso significa que ela pode desempenhar papel determinante na comunidade, seja ele positivo, seja ele negativo. Uma das maneiras de a

empresa avaliar como desempenha o seu papel social é analisar os seus trabalhos: O que estamos divulgando faz bem para o cliente? Outros exemplos da aplicação do papel social de uma agência são a produção de campanhas filantrópicas e a criação e divulgação de materiais para organizações que não possuem condições financeiras ou até mesmo a criação de campanhas que não utilizem argumentos preconceituosos ou vexatórios para alguma parcela da população, entre outros.

2) Para regular as relações comportamentais no mercado da publicidade. Ele trata do valor moral e ético do que é feito na área.

3) a

4) c

5) b

6) d

7) c

Capítulo 6

Questões para revisão

1) Na hora em que vamos começar o planejamento de pesquisas ou mesmo quando vamos encontrar a primeira pergunta que precisamos responder. O *feeling* é a experiência tanto

do cliente quanto do publicitário. Por isso, precisa andar de mãos dadas com as informações concretas que coletamos nas pesquisas.

2) Há várias opções: o lançamento de novos produtos é a mais comum, pois dentro de uma sala levantam-se as questões relacionadas às qualidades esperadas desse produto. Os clientes potenciais que foram escolhidos para a pesquisa dirão o tipo de produto que desejam, como eles o utilizam, o que os incomoda. As respostas servirão de base para melhorias e depois para pesquisas quantitativas que analisarão se a população concorda com o que foi dito pelos entrevistados.

3) a

4) c

5) d

6) b

7) d

Capítulo 7

Questões para revisão

1) Prolixidade: em vez de ser objetivo, traz texto longo demais e acaba por fazer a equipe perder tempo ao ter de lê-lo

na íntegra. Rigidez: não se adéqua à necessidade de cada cliente e acaba tolhendo também a criatividade da equipe. Incompleto: não traz as informações necessárias e acaba obrigando a equipe ao retrabalho.

2) Significa utilizar um vocabulário simples e direto, além de exemplos e analogias para que a equipe "capte" rápido a ideia a ser seguida, de maneira a agilizar e inovar na campanha.

3) a

4) c

5) d

6) d

7) c

Capítulo 8

Questões para revisão

1) A televisão e o rádio. Os dois são os veículos que possuem mais penetração na sociedade e são considerados de massa. Dessa forma, atingiriam todas as idades e camadas sociais.

2) Criação de *hotsites*, de vídeos no Youtube, de promoções no Facebook, no Orkut e no Twitter, além do cadastro de um *mailing* de possíveis clientes.

3) a

4) b

5) d

6) c

7) b

Capítulo 9

Questões para revisão

1) A caixa de ideias é uma caixa onde o profissional pode guardar diversos materiais criados por outras agências, fôlders, cartas, panfletos, que devem ser consultados num processo de *brainstorming* como referência para início de criação.

2) O mundo é a matéria-prima do processo criativo. O publicitário pode utilizar desde seu itinerário, sua alimentação, suas leituras dos mais diversos materiais, até filmes, conversas, visitas a lugares diferentes, fábricas, história, geografia, matemática, cultura. Tudo pode servir de base para uma boa criação, porque são referências que estimulam o processo criativo.

3) b

4) a

5) d

6) b

7) c

Capítulo 10

Questões para revisão

1) Em geral, refaz-se a ideia de acordo com o que foi pedido pelo cliente. Contudo, é importante avisá-lo sobre os riscos dessa alteração, caso a agência veja que a estratégia proposta pelo cliente não é das melhores. O trabalho deve ser sempre em conjunto, e isso cabe à agência propor.

2) Cuidar para que o ambiente não distraia quem for aprovar a campanha; fazer um roteiro de apresentação; checar o material antes de levá-lo para não faltar algo, reunir quem decide na equipe de aprovação e quem repassou o *briefing*.

3) a

4) c

5) d

6) c

7) b

Sobre a autora

Nivea Canalli Bona é formada em jornalismo pela Pontifícia Universidade Católica do Paraná (PUCPR) e mestre em Comunicação pela Universidade Metodista de São Paulo (UMESP). Nestes anos de trabalho no mercado da comunicação empresarial, atendeu a diversos clientes dos ramos de educação, consultoria em recursos humanos, vendas, moda, *shopping centers*, agências de publicidade, escritórios jurídicos, locadoras de automóveis, entre outros.

Esse *mix* de desafios e a escolha por englobar em seu trabalho todas as estratégias de comunicação presentes nas áreas de jornalismo, publicidade e relações públicas fizeram com que tivesse contato com diversas histórias interessantes, abarcando uma larga experiência na área. Em 1999, fundou a Priory Comunicação e Design e desde 2003 leciona na Faculdade Internacional de Curitiba (Facinter) as disciplinas voltadas à área de Comunicação em diversos cursos, como Turismo, Administração, Publicidade e Propaganda e Marketing, Produção Editorial Multimídia e Jornalismo.

Impressão: Star System
Janeiro/2013